Über den Verlag:

Mit der Herausgabe der Reihe „Betriebspraxis" wendet sich der Verlag an einen breiteren Leserkreis, als er das als wissenschaftlicher Verlag bisher getan hat. Dabei werden die Erfahrungen, die der Verlag auf dem Wissenschaftssektor gesammelt hat, insbesondere bei dem Aufbau eines Lehrbuchprogrammes für das Studium der Wirtschafts- und Sozialwissenschaften, in das Veröffentlichungskonzept eingebracht. Seit vielen Jahren prägen Themen aus der Wirtschaft das Programm des Verlags, dessen Angebot, wie sein Name besagt, zunächst mehr im naturwissenschaftlichen Bereich lag.
Das große Bedürfnis nach praxiserprobten Lösungsmustern für betriebliche Probleme hat die Herausgabe der Reihe „Betriebspraxis" angeregt.

Praxis der EDV-Einführung

betriebspraxis 3

R. Bernhardt und P. A. Liebing

Praxis der EDV-Einführung

Springer-Verlag Berlin Heidelberg GmbH

CIP-Kurztitelaufnahme der Deutschen Bibliothek

Bernhardt, Rolf:
Praxis der EDV-Einführung / R. Bernhardt u. P. A. Liebing. – Würzburg ; Wien : Physica-Verlag, 1983.
(Betriebspraxis ; 3)

NE: Liebing, Peter A.:; GT

Ursprünglich erschienen bei Physica-Verlag, Rudolf Liebing GmbH + Co., Würzburg 1983.
Composersatz und Offsetdruck „Journalfranz" Arnulf Liebing GmbH + Co., Würzburg

ISBN 978-3-7908-0273-3 ISBN 978-3-662-41523-8 (eBook)
DOI 10.1007/978-3-662-41523-8

Vorwort

Das Buch hat mehrere Anliegen:

Einmal will es für den, der im Betrieb von der Einführung der EDV am meisten betroffen ist – den Sachbearbeitern in den verschiedenen Abteilungen der Unternehmungen – praktische Hinweise für die Umstellung seiner Arbeit geben. Es will ihm die Scheu vor dem „schwarzen Kasten" EDV nehmen. Vor allen Dingen soll er merken, daß nicht er sich von der EDV beherrschen lassen muß, sondern daß er bestimmt, was das Werkzeug Computer für ihn macht. Dabei soll der Sachbearbeiter auch gleich Kenntnisse erhalten, die es ermöglichen, Mißverständnisse in der Kommunikation zwischen ihm und dem EDV-Fachmann zu vermeiden.

Die dabei auftretenden Probleme sind in allen Abteilungen der Unternehmung im Prinzip gleich oder mindestens ähnlich, egal also, ob der „Sachbearbeiter" etwa Buchhalter oder Lagerverwalter, Mitarbeiter in der Produktion oder im Vertrieb ist. Die Beispiele, die im Buch dargestellt sind, wurden deshalb aus verschiedenen Bereichen ausgewählt, um damit auch die mögliche Breite des EDV-Einsatzes aufzuzeigen.

Zum anderen will das Buch „der Geschäftsleitung" besonders von mittleren und kleineren Unternehmungen praktische Hinweise geben, welche Vorarbeiten für den Einsatz der EDV im Betrieb notwendig sind, um die Einführung der EDV möglichst reibungslos durchführen zu können. Hierbei geht es besonders um organisatorische Fragen, aber auch um Personalentscheidungen, besonders um Personalschulung. Die Einbeziehung der Mitarbeiter schon in die ersten Planungsschritte wird dabei als wichtig angesehen.

Neben Kollegen und Mitarbeitern, die uns wertvolle Hinweise gegeben haben, danken wir Herrn Dipl.-Kfm. H. Krug, Nürnberg für die Abdruckerlaubnis der Bilder 3.6/7.7 und der Firma Nomina, München, für die Bilder 7.2/7.3.

Stuttgart, Reutlingen
im Dezember 1982

Rolf Bernhardt
Peter A. Liebing

Inhaltsverzeichnis

1. Einleitung

Die Computeranwendung ist unbestritten zunehmend auch in Klein- und Mittelbetrieben im Vormarsch. Dieses Buch soll dem zukünftigen Computer-Anwender, insbesondere den Sachbearbeitern in den einzelnen Fachabteilungen, wichtige Hinweise für die Zusammenarbeit mit EDV-Fachleuten geben. Die Entwicklung auf dem Computer-Herstellermarkt hat dazu geführt, daß sehr leistungsfähige EDV-Systeme zu Preisen angeboten werden, die sie für Klein- und Mittelbetriebe als Hilfsmittel und Arbeitswerkzeug wirtschaftlich einsetzbar machen. Die Grenzen zwischen den verschiedenen EDV-Anlagen sind fließend: Während die früher sehr großen Anlagen in den letzten Jahren ständig kleiner und billiger geworden sind, werden Mikrocomputer, die noch vor kurzer Zeit etwas abwertend als „home-computer" bezeichnet wurden, immer leistungsfähiger und finden im kommerziellen Bereich erste Einsätze, obwohl z.B. die geringe Speichermöglichkeit diesem Einsatz noch starke Beschränkungen auferlegt.

Das sehr komfortable Werkzeug Computer erfordert für seinen erfolgreichen Einsatz mehr denn jedes andere technisch-organisatorische Hilfsmittel eine sorgfältige Vorbereitung. Die Sachbearbeiter müssen mit den Möglichkeiten des Computers vertraut gemacht werden. Insbesondere müssen die Mitarbeiter in den Fachabteilungen die zielgerichtete Kommunikation mit EDV-Spezialisten erlernen. Der Sachbearbeiter in den Fachabteilungen von Großfirmen wird bei der Zusammenarbeit mit der firmeneigenen EDV-Abteilung oft vor den gleichen Problemen stehen. Für beide Seiten ist das Sprechen der „gleichen Sprache", ohne Mißverständnisse, ohne Verständigungslücken, eine deutliche Arbeitserleichterung und für die Betriebe ein Weg zur Kosteneinsparung.

Mehrjährige Erfahrungen in der Praxis bei der Einführung und Planung der EDV liegen diesem Buch zugrunde: Praktiker schreiben für die Praxis und bieten damit eine praxisgerechte Entscheidungsbasis für die Einführung und Anwendung der EDV. Im Mittelpunkt der Betrachtungen stehen sogenannte „Dialogsysteme". Der Dialog zwischen Computer und Benutzer findet auf dem Bildschirm statt: Der Benutzer stellt durch eine Eingabe von Daten oder Codes an den Computer eine Frage, der Computer beantwortet diese durch Anzeige von Daten aus dem Speicher auf dem Bildschirm. Aber auch der Computer stellt an den Benutzer Fragen, die dieser durch Eingaben von Daten, Zahlen oder Codes beantwortet. Alle Eingaben werden direkt verarbeitet (real-time-Betrieb).

Diese Dialogsysteme gehören anlagemäßig zur Mittleren Datentechnik (MDT). Solche Anlagen sind entweder mit einer Festplatte als Speicher ausgestattet oder besitzen ein Fest-/Wechselplatten-System. Festplatten haben den Vorteil geringerer Störanfälligkeit: die Platte (die meist aus einem Plattenstapel besteht) ist in einem Vakuum fest eingebaut und somit vor Staub o.ä. geschützt. Der Nachteil von Festplattengeräten ist die begrenzte Speichermöglichkeit, der Vorteil ist, daß *alle* implementierten Programme oder Dateien ständig zugriffsbereit sind. Bei dem Fest/Wechselplattensystem besteht dagegen eine unbegrenzte Speichermöglichkeit. Der Nachteil liegt darin, daß eben immer nur bestimmte Aufgabenbereiche zugriffsbereit sind. Von diesem einen Unterschied abgesehen arbeiten beide Systeme gleich.

Dieses Buch geht von der Annahme aus, daß die Entscheidung für den Einsatz der EDV im Betrieb im Prinzip bereits gefallen ist. Nun kommt es darauf an, die bisherigen Arbeitsabläufe im Betrieb in EDV-Programme umzusetzen. Wer sich für den dieser Situation vorangehenden Entscheidungsprozeß interessiert, findet in dem Buch von Stahlknecht/Nordhauß wertvolle Hinweise.

P. Stahlknecht und *R. Nordhauß*: Fallstudie Methodik der Hardware- und Software-Auswahl in kleinen und mittleren Unternehmen. München, Wien 1981.

2. Computer am Arbeitsplatz

Die unvorhersehbare Entwicklung auf dem Computermarkt, insbesondere der starke Preisverfall für EDV-Anlagen der Mittleren Datentechnik, aber auch der starke Leistungsanstieg von Mini-Computern, macht den Computereinsatz auch für mittlere und kleine Unternehmen wirtschaftlich interessant. Die Computer sind derartig geschrumpft, daß Anlagen, die bei etwa gleicher Leistungsfähigkeit früher eine Millionen-Investition erforderten, heute zu Preisen eines größeren LKW angeboten werden. Dabei hat derjenige, der sich heute zum Computereinsatz entschließt, den Vorteil, daß er gleich mit einem System beginnt, auf das andere Anwender erst „umsteigen“: Datenverarbeitung im Dialog an den Arbeitsplätzen, an denen die Daten anfallen.

Dabei muß der Ausdruck „Computer am Arbeitsplatz“ nicht bedeuten, daß für jeden Sachbearbeiter ein Terminal (Bildschirm) während der ganzen Arbeitszeit ununterbrochen zur Verfügung steht, egal ob der Sachbearbeiter mit dem Computer arbeitet oder nicht. Es ist vielmehr eine Frage der Organisation, wann der Bildschirm einer Abteilung wie lange dem einzelnen Mitarbeiter zur Verfügung steht; ob ein, zwei oder mehr Mitarbeiter sich die Zeit an einem Bildschirm teilen, hängt von vielen Komponenten ab (s.a. Abschnitt *Der EDV-Organisator im Betrieb*).

Bei einer zentralen Datenverarbeitung alten Typs (Rechenzentrum) werden die irgendwo im Betrieb anfallenden Daten von den jeweiligen Sachbearbeitern erfaßt und an das zentrale Rechenzentrum geliefert. Meist müssen die Daten sogar erst eine gewisse Zeit gesammelt werden, damit die Verarbeitung (im batch-Betrieb) ökonomisch erfolgen kann.

Im Rechenzentrum werden die gelieferten Daten – oft erst, nachdem sie in eine Warteschlange eingereiht werden – verarbeitet und in Form von Listen, Statistiken, Ausdrucken auf Formularen o.ä. wieder an den betreffenden Sachbearbeiter zurückgeliefert. Zwangsläufig hinkt bei diesem Verfahren der Informationsstand immer hinter dem betrieblichen Geschehen her: Wenn der Sachbearbeiter die neuesten Computerausdrucke erhält, sind sie schon veraltet.

Im Dialogbetrieb ist das wesentlich anders. So weit wie möglich werden die Daten dort, wo sie anfallen, sogleich durch direkt mit der Zentraleinheit verbundene Terminals (meist Bildschirme, aber auch elektronische

Kassen, Lesepistolen etc.) erfaßt und sofort verarbeitet. Das bedeutet, daß unmittelbar nach der Erfassung der Daten der neue Verarbeitungsstand von der EDVA angezeigt wird.

2.1 Was können Computer – was können sie nicht

Die oft wie Hexerei anmutende Geschwindigkeit bei der Verarbeitung der Daten ist einer der großen Vorzüge des Computers. Ein weiterer Vorzug ist, daß Computer die Fähigkeit haben, unermüdlich zu sein. Sie wiederholen programmierte Vorgänge beliebig oft und stets fehlerfrei: Während Menschen ermüden, abstumpfen und Fehler machen, arbeitet der Computer trotz größter Arbeitsgeschwindigkeit ohne Fehler und liefert stets (rechnerisch) einwandfreie Ergebnisse.

Die Behauptung, der Computer mache keine Fehler, mag beim Leser auf eine gewisse Skepsis stoßen. Das ist verständlich, denn allzuoft, wenn in einem Betrieb, bei einer Behörde oder sonstwo etwas schief gelaufen ist, wird die Schuld auf den Computer geschoben. Die Story, daß ein Rentner „vom Computer" eine Telefonrechnung für einen Monat über DM 30.000,– von seinem Konto bei der Bank abgebucht bekommen habe, ist zwar von vielen Zeitungen berichtet worden, beweist aber nichts.

Eines ist sicher: Computer können nicht denken. Sie sind weder Elektronengehirne noch Denkmaschinen. Die Definition, ein Computer sei ein Vollidiot mit einem nie versagenden Gedächtnis, trifft den Kern der Sache schon eher: Computer machen das – und nur das – was man ihnen mit Hilfe der Programme zu machen befiehlt. Dabei *erkennen* sie Fehler, die für jeden „normalen" Menschen ganz offensichtlich sind, überhaupt nicht, d.h. ein Computer würde nicht zögern, etwa eine Rechnung über einen Hundertstel-Pfennig auszustellen, wenn es das Programm befiehlt oder zuläßt. Jeder solche unsinnige Fehler, darüber muß sich gerade auch der Sachbearbeiter klar sein, ist ein logischer Fehler im Programm und kein Verarbeitungsfehler. Es ist der Fehler eines Menschen. Der Computer kann den denkenden Menschen nicht ersetzen.

Es kann und soll hier nicht untersucht werden, ob Computer gesamtwirtschaftlich gesehen mehr Arbeitsplätze wegrationalisieren als in der Computerindustrie wieder geschaffen werden. Generell kann man aber sagen, daß zumindest in Klein- und Mittelbetrieben durch den Einsatz der

EDV meist kein Personal eingespart wird oder – um es noch vorsichtiger auszudrücken – daß durch den EDV-Einsatz meist kein vorhandenes Personal eingespart wird. Vor allem werden die Mitarbeiter von stumpfsinniger Routinearbeit befreit. Da der EDV-Einsatz außerdem eine ganze Menge mehr Informationen liefert, als ohne seinen Einsatz in vernünftiger Zeit zu vernünftigen Kosten möglich wäre, liegt die ökonomische Rechtfertigung für den Computereinsatz meist viel stärker im Vermeiden von Fehlern und Versäumnissen als in der Einsparung von Personal.

Computer sind also nicht mehr und nicht weniger als sehr komfortable Werkzeuge zur Erledigung von wiederkehrenden Routinearbeiten. Ist die Umstellung einer Arbeit auf Elektronische Datenverarbeitung einmal erfolgt, ist auch die Bedienung des Werkzeugs Computer im Dialogbetrieb einfach. Schwierigkeiten bereitet jedoch vor allem die Umsetzung der bisherigen Arbeitsanweisungen für denkende Menschen, die Besonderheiten und Ausnahmen im Arbeitsablauf sofort erkennen und berücksichtigen, in Folgen von Einzelbefehle für den Computer, der eben nicht denkt und Abweichungen vom Normalfall wie Normalfälle behandelt – wenn diese Abweichungen in den Programmen nicht eingeplant sind.

Diese Umsetzung ist auch insofern eine komplizierte und schwierige Sache, als der eine, der den Ablauf der zu erledigenden Arbeiten kennt und beherrscht, die Sprache des Computers nicht versteht und dem Computer nicht direkt befehlen kann, was er tun soll, während der andere, der die Programme zu schreiben in der Lage ist, die Arbeitsabläufe bestenfalls in groben Zügen, nicht aber im Detail kennt.

Es liegt auf der Hand, daß diese Umsetzung um so einfacher und fehlerloser erfolgt, je besser sie vorbereitet ist.

3. Vorbereitung zur Systemanalyse

Man kann die wirtschaftliche Einheit „Betrieb" als ein geschlossenes System betrachten, auf das in vielfältiger Weise von außen eingewirkt wird. Diese Einwirkungen werden in dem System verarbeitet. Sodann gibt das System seinerseits wieder Impulse nach außen auf andere Systeme ab. Ohne auf wirtschaftswissenschaftliche Theorien eingehen zu wollen sollen hier zum besseren Verständnis des Gedankens einige solche Einflüsse aufgezählt werden:

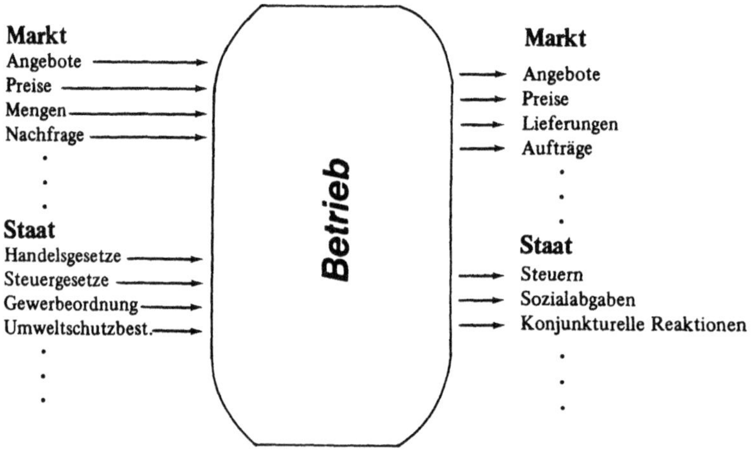

Freilich ist das komplexe System „Betrieb" in sich durchschaubar gegliedert, z.B. in die folgenden Abteilungen:

Einkauf
Produktion
Vertrieb
Werbung
Verwaltung

Eine solche Grobgliederung sagt über die wirklichen Strukturen noch nichts aus. Strukturen zeigen sich erst, wenn man noch weiter untergliedert und die Abläufe in den einzelnen Abteilungen eines Betriebes einbezieht.

Aber schon bei der weiteren Untergliederung solcher Systemstrukturen stockt man: Es gibt zwar Schemata, die eine gewisse Allgemeingültigkeit besitzen, aber irgendwie ist doch jeder Betrieb ein bißchen anders, ein bißchen individuell organisiert und gegliedert. Das hängt nicht nur von der entsprechenden Branche, zu der der Betrieb gehört, oder von der Betriebsgröße ab, obwohl diese Einflüsse natürlich sehr stark sind. Wesentliche Einflüsse gehen auch von der Entwicklung des Betriebes und nicht zuletzt von den persönlichen Vorlieben und Abneigungen der jeweiligen Unternehmungsleitungen aus. Gerade bei Klein- und Mittelbetrieben, d.h. bei überschaubaren Betriebsgrößen ist die Organisation oft sehr stark personenbezogen. Manchmal sicher zu stark.

Wenn man sich diesen Aspekt klar macht, so kommt man schnell zu der Einsicht, daß man das individuelle System Betrieb erst einmal auf seinen derzeitigen Zustand untersuchen muß, ehe man daran gehen kann, eine computergerechte neue Organisation zu erarbeiten.

Erster Schritt zu einer Systemanalyse ist die Dokumentation des IST-Zustandes des Betriebs insgesamt, der einzelnen Abteilungen und der einzelnen Arbeitsabläufe. Dabei muß man berücksichtigen, welche Einflüsse von außen kommen oder nach außen gehen und wie der innerbetriebliche Informations- und Materialfluß ist.

Dies alles ist um so notwendiger, als man nicht nur selbst Klarheit über das Betriebsgeschehen, die Verzahnung der einzelnen Abteilungen untereinander und die Abhängigkeiten der einzelnen Arbeiten von einander haben will und muß, sondern vor allem deswegen, damit man dem (betriebs- oder mindestens abteilungsfremden) EDV-Fachmann die notwendigen Einsichten vermitteln kann.

3.1 Entwicklung der IST-Analyse

Beim Aufnehmen des IST-Zustandes muß zunächst der Ablauf der einzelnen Arbeitsgänge eines jeden Arbeitsgebietes untersucht und erfaßt werden.

Für die *Arbeitsgebiete* ergeben sich hierzu folgende Fragen:

- Welche Arbeitsgänge kommen vor?
- Sind die Arbeitsgänge von einander unabhängig?
- Wie ist die Reihenfolge der einzelnen Arbeitsgänge?
- Wo wird der Arbeitsgang durchgeführt?
- Welche Informationen kommen von außen?
- Welche Informationen gehen nach außen?

Wesentlich detaillierter müssen die einzelnen Arbeitsgänge aufgenommen werden. Zunächst kann in fünf Stufen Arbeitsgang, Arbeitsschritte, Eingaben, Ausgaben und Hilfsquellen unterteilt werden. Innerhalb jeder Stufe hilft eine Reihe von Fragen, um zu eindeutigen Angaben zu kommen.

Stufe Arbeitsgang

- Wodurch wird der Arbeitsgang ausgelöst?
- Wer führt ihn durch?
- Benötigte Eingabe-Daten?
- Anfallende Ausgabe-Daten?
- Menge?

Stufe Arbeitsschritte:

- Welche Arbeitsschritte sind notwendig?
- Wie oft muß ein einzelner Schritt getan werden?
- Welche Regeln müssen dabei eingehalten werden?

Stufe Eingaben:

- Welche Eingaben braucht man?
- Wozu werden sie benötigt?
- Woher kommen Sie?
- In welcher Form treten sie auf?
- Mengenanfall in einer Periode?
  (minimal, maximal, durchschnittlich?)

Stufe Ausgaben:

- Welche Ausgaben entstehen?
- Welchen Zwecken dienen sie?
- Wo gehen sie hin?

- In welcher Form treten sie auf?
- Mengenanfall in einer Periode?
  (minimal, maximal, durchschnittlich?)

Stufe Hilfsquellen:

- Welches Personal ist notwendig?
- Welche Maschinen sind erforderlich?
- Welche Karteien werden gebraucht?

Bei der IST-Aufnahme beschreibt der Sachbearbeiter der Fachabteilung seinen Arbeitsplatz mit allen Funktionen und Tätigkeiten. Unabhängig von anderen zahlreichen Fragen innerhalb der einzelnen Stufen werden folgende Fragen gestellt:

- Wo entstehen die Informationen?
- Welche Informationen werden ständig verarbeitet?
- Wie ist der Informationsfluß?
- Wohin werden die Informationen weitergeleitet?
- Welche Karteien sind vorhanden?
- Um welche Mengen an Unterlagen handelt es sich?
- Welche zeitlichen Gesichtspunkte sind einzuhalten?

Symbol	Bedeutung
	Bearbeitung
	Transport
	Kontrolle
	Verzögerung
	Lagerung (Ablage)

Bild 3.1

Ablaufdiagramme helfen, die Kategorien der Arbeitsgänge zu erfassen und Rationalisierungsansätze erkennen zu lassen. In Bild 3.1 sind Symbole für Bewegungseinheiten angegeben. Als Beispiel einer derartigen Aufnahme ist der Eingang einer Lieferantenrechnung in Bild 3.2 gezeigt.

Wenn die IST-Analyse der einzelnen Abteilungen erstellt ist, so müssen auch noch die Übergänge von einer Abteilung in eine andere dokumentiert werden.

Beispiel: Eingang einer Lieferantenrechnung

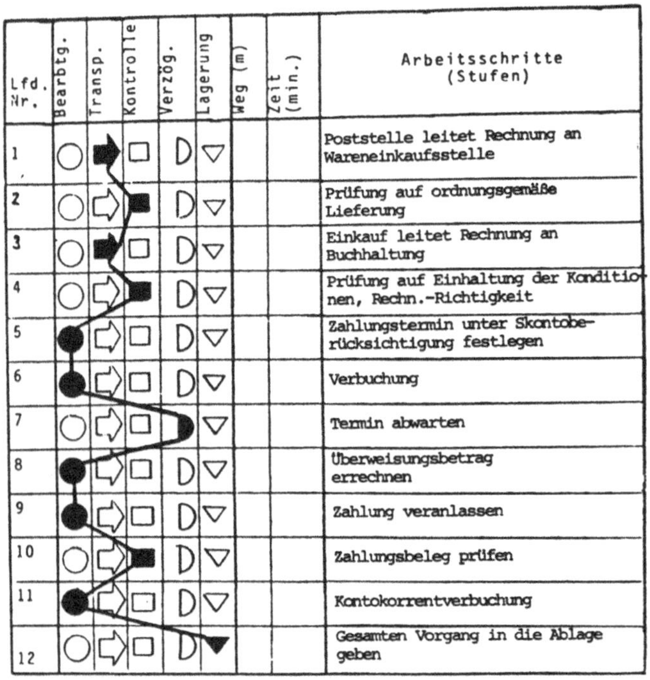

Bild 3.2

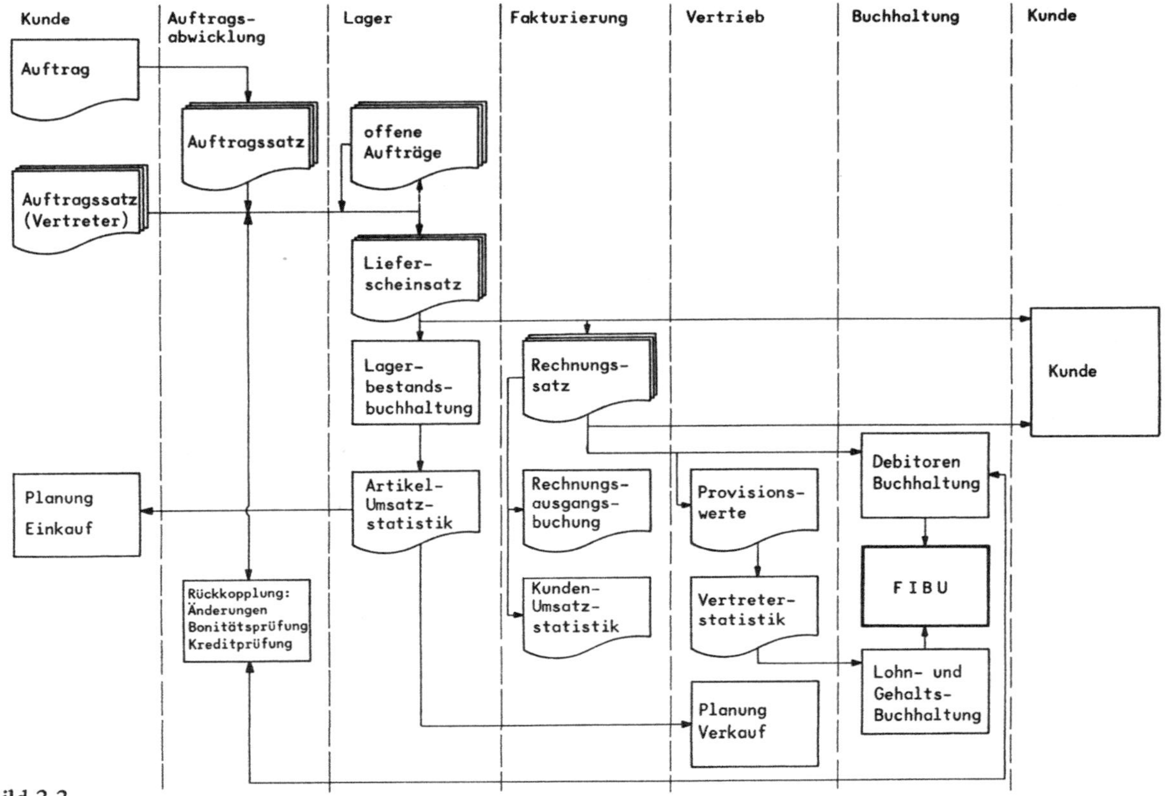
Kunde
Auftrags-
abwicklung
Lager
Fakturierung
Vertrieb
Buchhaltung
Kunde
Auftrag
Auftragssatz
(Vertreter)
Auftragssatz
offene
Aufträge
Liefer-
scheinsatz
Lager-
bestands-
buchhaltung
Artikel-
Umsatz-
statistik
Rechnungs-
satz
Rechnungs-
ausgangs-
buchung
Kunden-
Umsatz-
statistik
Provisions-
werte
Vertreter-
statistik
Planung
Verkauf
Debitoren
Buchhaltung
F I B U
Lohn- und
Gehalts-
Buchhaltung
Kunde
Planung
Einkauf
Rückkopplung:
Änderungen
Bonitätsprüfung
Kreditprüfung

Bild 3.3

Bild 3.3 zeigt die Dokumentation des Betriebsdurchlaufs von der Auftragsannahme bis zum Rechnungsausgang. Obwohl in diesem Bild aus Platzgründen nur der Durchlauf der Belege skizziert wurde, sind die sogenannten „Schnittstellen" gut zu erkennen. Schnittstellen sind die Stellen, an denen Informationen, Belege o.ä. von einer Abteilung zur anderen gegeben werden.

3.2 Die IST-Analyse im Übergang zum SOLL-Konzept

Sind im Betrieb Arbeitsplatz- und Arbeitsablaufbeschreibungen bereits vorhanden, so ist die Vorgehensweise einfach: Die vorhandenen Unterlagen werden zunächst von den Sachbearbeitern auf Übereinstimmung mit der Wirklichkeit überprüft. Sind die Arbeitsablaufbeschreibungen schon einige Zeit alt, wird man nämlich mit Gewißheit Abweichungen feststellen. Es wäre jedoch unsinnig, eine Systemanalyse auf Unterlagen aufzubauen, die nicht mehr dem tatsächlichen Betriebsgeschehen entsprechen.

Fehlen solche Unterlagen, dann bleibt nichts anderes übrig, als sie zu erarbeiten. [*Schwarz*][1])

Es muß dringend abgeraten werden, etwa allein einem betriebsfremden Systemanalytiker die Aufgabe zu übertragen, in Interviews den IST-Zustand zu erforschen. Viele Einzelheiten in den Arbeitsabläufen sind betriebstypisch und sollen oder müssen bei einer Neuorganisation beibehalten werden, was für einen Betriebsfremden oft nicht einsehbar ist. Andererseits sollte man auf das Interview durch einen erfahrenen EDV-Fachmann keinesfalls verzichten, weil damit sogleich eine Überprüfung der Arbeitsabläufe verbunden ist. Durch seine gezielten Fragen können Schwachstellen in der Organisation aufgedeckt werden.

Das folgende Ablaufdiagramm skizziert die Rückkopplungseffekte bei der IST-Analyse, die so direkt in eine Systembeschreibung und Systemanalyse übergehen kann.

---

[1]) *Schwarz, H.*: Arbeitsplatzbeschreibungen. 7. Aufl. Freiburg 1979.

1 = Sachbearbeiter

4 = Erstellen von Arbeitsablaufbeschreibungen

5 = Korrektur vorhandener Arbeitsablaufbeschreibungen

2 = Abteilungsleiter

6 = Alle Abläufe zulässig?

7 = Erstellen/Überprüfen von Arbeitsplatzbeschreibung

8 = Unzulässige Überschneidungen mit anderen Plätzen?

9 = Schnittstellen mit anderen Abteilungen prüfen

3 = Abteilungsleiterkonferenz

10 = Unzulässige Überschneidungen mit anderen Abteilungen?

11 = Systembeschreibung für Gesamtsystem

12 = Dokumentation des IST-Zustands

13 = Änderungsvorschläge des Systemanalytikers bei Interview

14 = Prüfung des SOLL-Konzepts durch die Geschäftsleitung

15 = Änderungsvorschläge durch GL

16 = Ausführung

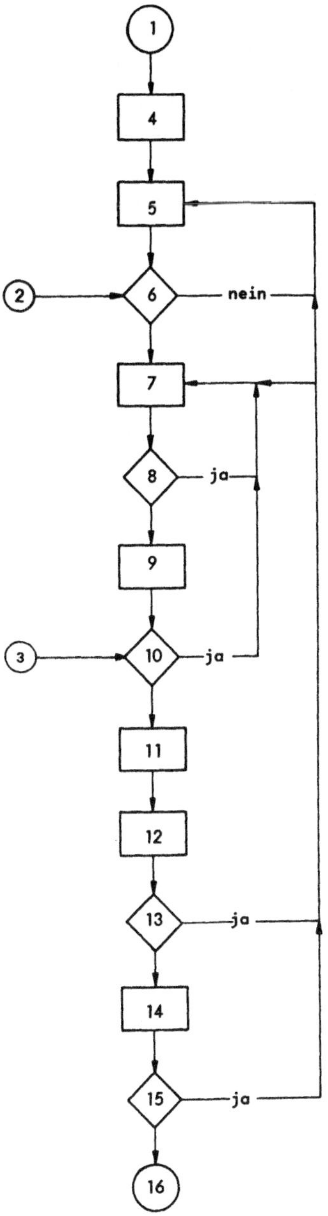

Bild. 3.4

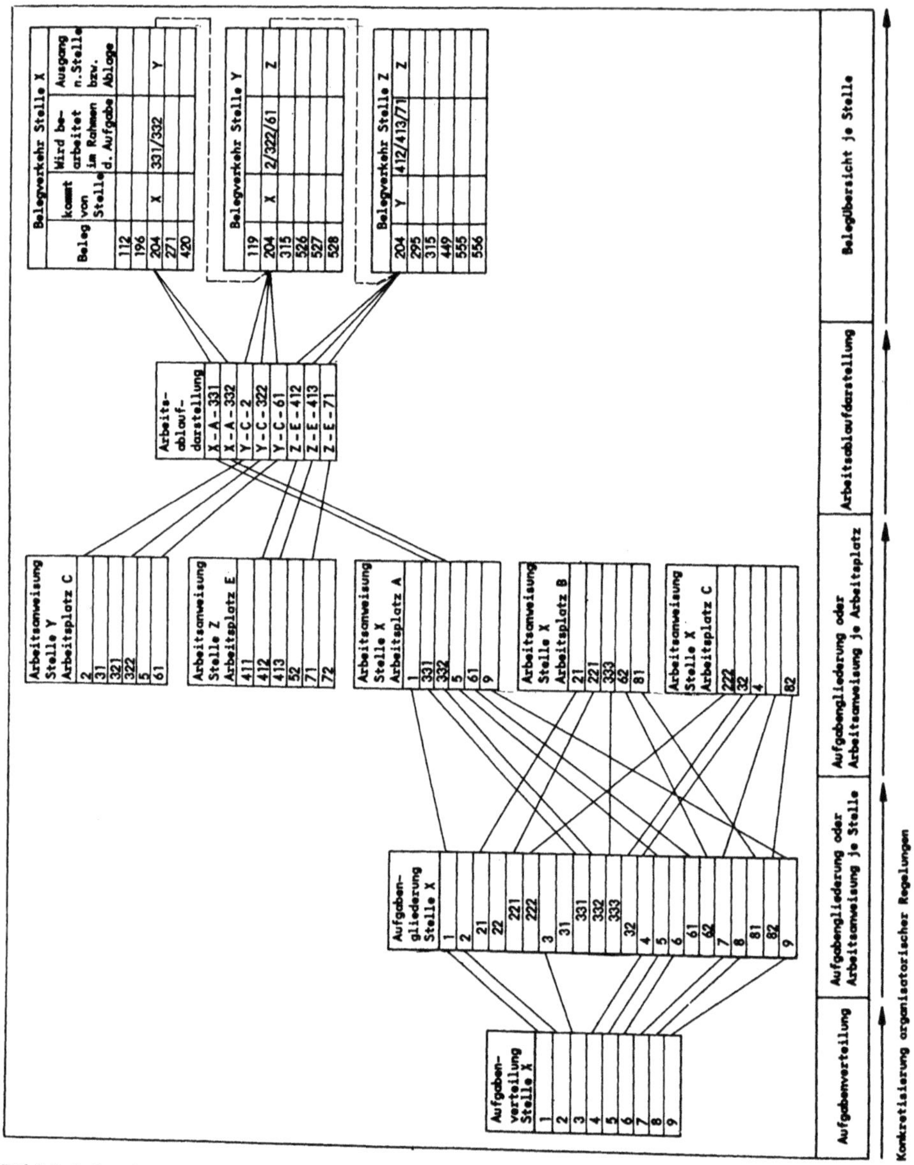

Bild 3.5 (nach *Schwarz*)

Wie aus der Zeichnung zu ersehen, soll der Sachbearbeiter mit allen Änderungsvorschlägen befaßt werden. Hierzu gibt es mehrere Gründe:

1. Gerade in Klein- und Mittelbetrieben ist der Organisationsgrad in den einzelnen Abteilungen oft nur schwach ausgeprägt. Viele Aufgaben werden vornehmlich nach dem Geschmack der einzelnen Sachbearbeiter gelöst (meist recht gut). Die Umsetzung von Arbeitsabläufen in Computerprogramme erfordert aber eine Organisation, die nach ihrer Implementierung doch recht starr ist. Man kann EDV-Frustrationen der Sachbearbeiter vermeiden, wenn man ihnen keine Lösungen aufzwingt.
2. Es ist zwar ein sehr erwünschter Nebeneffekt der EDV-Einführung, daß die Umstellung dazu zwingt, die Arbeitsabläufe nochmals kritisch zu prüfen. Aber die Anforderungen der Sachbearbeiter haben dabei Priorität. Meist können nur sie beurteilen, welche Sonderfälle überhaupt vorkommen und wie diese dann in das Schema eingepaßt werden etc. Es geht ja letztlich darum, die Probleme der Fachabteilung in den Griff zu bekommen – und nicht etwa darum, Probleme der Programmierer zu lösen.
3. Schließlich haben die Sachbearbeiter selbst das größte Interesse, die Umstellungsarbeiten und die Arbeiten der Erprobungsphase möglichst schnell und rationell zu erledigen, denn sie sind es, die die damit verbundenen Belastungen durchstehen müssen.

Zunächst ergibt sich das Bild, wie die Arbeitsplätze innerhalb der Abteilung zusammenhängen (siehe Bild 3.5);

Durch die Systembeschreibung wird das Gesamtsystem zwar grob, aber doch ausführlich dargestellt. Es wird verbal auf die einzelnen Inputs, Arbeitsabläufe und Outputs hingewiesen.

Sehr anschaulich werden die verschiedenen Verbindungen durch Zeichnung eines Systemdiagramms, bei dem nicht die hierarchische Struktur im Vordergrund steht, wie oft bei solchen Diagrammen üblich, sondern die arbeitsmäßige Abhängigkeit der einzelnen Abteilungen von einander.

Mengenerfassung

Eine Ist-Analyse wäre nicht vollständig, wenn nicht die anfallenden Datenmengen genau erfaßt würden. Dies wurde in den vorangegangenen Beschreibungen der Arbeitsschritte schon angesprochen, jedoch sollte man sich eine besondere Zusammenstellung der je Arbeitsbereich anfallenden Datenmengen nicht ersparen. Genau genommen bildet die Mengenerfassung bereits bei der grundlegenden Entscheidung, ob ein Computer überhaupt wirtschaftlich eingesetzt werden kann, eines der wichtigsten Kriterien überhaupt. Aber erfahrungsgemäß gibt man sich zu diesem Zeitpunkt noch mit recht groben Schätzungen zufrieden und wählt die Anlage bzw. die Speicherkapazität oft zu klein. Diese Gefahr ist umso größer, als man leicht der Täuschung unterliegt, man könne den Einstieg in das EDV-Zeitalter ein bißchen billiger bekommen. Dabei wird leicht übersehen, daß zu geringer resp. knapper Speicherplatz häufig die Arbeitszeiten verlängert oder die Arbeitsabläufe kompliziert.

Wie dem auch sei, spätestens jetzt bei der Ist-Analyse muß eine genaue Mengenerfassung durchgeführt werden. Früher gemachte Fehleinschätzungen können jetzt – vor Installation der Anlage – auch noch relativ kostengünstig revidiert werden, etwa durch eine Plattenerweiterung oder auch durch „Umsteigen" auf eine größere Anlage, wozu der Lieferant wohl ohne große Umstände bereit sein wird, auch wenn ein Kaufvertrag bereits abgeschlossen wurde.

Die Mengen sind aber auch für den Programmierer wichtig, der ja die Umfänge der einzelnen Dateien festlegen muß. Hierauf kommen wir im Abschnitt 7.3 nochmals ausführlich zurück.

Am besten bedient man sich einer Zusammenstellung für die einzelnen Arbeitsgebiete. Im Bild 3.6 ist ein solches Formular für das Sachgebiet „Finanzbuchhaltung" dargestellt. Solche Zusammenstellungen sollten von den einzelnen Abteilungen ausgearbeitet werden. Meist wird es empfehlenswert sein, die konkreten Zahlen aus verschiedenen Vorperioden zur Beurteilung heranzuziehen. Dies ist insbesondere dann notwendig, wenn größere saisonale Schwankungen auftreten können. Hier darf man keinesfalls die durchschnittlichen Jahres- oder Quartalsmengen einsetzen, sondern muß die maximalen Monatsmengen berücksichtigen. Außerdem ist der Umfang eines Sicherheits- und eines Wachstumszuschlages abzuschätzen. Dabei sollte man sich in Phasen wirtschaftlichen Stillstands oder gar Abschwungs nicht von zu großem Pessimismus beeinflussen lassen: Die (Platten-) Speicher-Organisation soll ja nach Möglichkeit für die Lebensdauer der ganzen EDV-Anlage angelegt sein und erhalten bleiben. Nimmt man dafür die Dauer der Leasing-Verträge als Grundlage so sind das fünf bis sechs Jahre. Deswegen sollte man die Werte der Vergangenheit doch recht genau ermitteln und in die Zukunft extrapolieren.

basic insoft systeme		
30.11.82	Org.-Vorschlag Fa. Liebing	Seite 4

SACHGEBIET: Finanzbuchhaltung

I. Stammbereiche

Anzahl Sachkonten = ...

Anzahl Debitoren = ...

Anzahl Kreditoren = ...

max. Anzahl Bilanz- und G&V-Rahmen = ...

max. Anzahl von Positionen je Bilanz bzw G & V - Rahmen = ...

durchschn. Anzahl von Matchcodes je Debitor bzw. Kreditor = ...

Anzahl Textzeilen fuer alle gewuenschten Mahn- und Kontostandsmitteilungstexte = ...

II. Bewegungsdaten

max. Anzahl der Abschlussbuchungen beim Jahres- oder Monatsabschluss = ...

Anzahl Buchungen je Periode = ...

Anzahl der gleichzeitig in der Buchungsdatei eroeffneten Buchungsperioden = ...

Anzahl der Buchungen je Periode mit Aufteilung auf mehr als eine Kostenstelle = ...

Protokollierung der Einzelbuchungen auf den Offenen Posten gewuenscht ?
0 = nein, 1 = Ja = ...

max. Anzahl offener Posten, die in der Mahnueberwachung gesondert gefuehrt werden sollen = ...

max. Anzahl offener Posten = ...

Bild 3.6

basic insoft systeme		
30. 11. 82	Org.-Vorschlag Fa. Liebing	Seite 5

SACHGEBIET: Finanzbuchhaltung (Fortsetzung)

```
max. Anzahl Buchungen, die aus anderen
Bereichen (z.B. Lohn, Anzeigen etc.)
in die FIBU integriert werden sollen            = ..........

max. Anzahl maschinell zu bezahlender
Kreditorenposten je Zahlungslauf                = ..........

max. Anzahl faelliger Kreditorenposten
je Zahlungslauf                                 = ..........
```

III. Abschlussbereiche

```
Jahreskonto fuer Sachkonten
gewuenscht ?      0 = Nein, 1 = Ja              = ..........

Jahreskonto fuer Kreditoren-Konten
gewuenscht        0 = Nein, 1 = Ja              = ..........

Jahreskonto fuer Debitoren-Konten
gewuenscht ?      0 = Nein, 1 = Ja              = ..........

Abschlussbereich 1 gewuenscht ?
= Jahresabschluss  0 = Nein, 1 = Ja             = ..........

Abschlussbereich 2 gewuenscht ?
                   0 = Nein, 1 = Ja             = ..........

Abschlussbereich 3 gewuenscht ?
                   0 = Nein, 1 = Ja             = ..........

Abschlussbereich 4 gewuenscht ?
                   0 = Nein, 1 = Ja             = ..........

Abschlussbereich 5 gewuenscht ?
                   0 = Nein, 1 = Ja             = ..........

Abschlussbereich 6 gewuenscht ?
                   0 = Nein, 1 = Ja             = ..........

Abschlussbereich 7 gewuenscht ?
                   0 = Nein, 1 = Ja             = ..........

Abschlussbereich 8 gewuenscht ?
                   0 = Nein, 1 = Ja             = ..........

Abschlussbereich 9 gewuenscht ?
                   0 = Nein, 1 = Ja             = ..........

Sicherheits-Zuschlag          .... %
Wachstums-Zuschlag            .... %
```

Bild 3.6 (Fortsetzung)

4. Die Vorgehensweise

Die Einführung der EDV bedarf auch aus vielen anderen als den bisher genannten Gründen einer geplanten Vorbereitung.

Alle Abteilungen des Betriebs werden berührt, in jeder Abteilung werden Änderungen der bisherigen Arbeitsweise früher oder später notwendig sein. Die Abstimmung dieser Änderungen muß – auch wenn die Einführung der EDV schrittweise erfolgen soll – gleichzeitig geplant werden, damit klar ist, wo Übergänge (Schnittstellen) von einer Abteilung in die andere vorhanden sind oder geplant werden müssen.

Dazu sind eine Menge Einzelfragen (die in den folgenden Kapiteln behandelt oder zumindest angedeutet werden) auf verschiedenen Ebenen zu klären.

Ehe man mit den Lieferanten der Hard- und Software Termine verbindlich vereinbaren kann, muß man sich darüber klar sein, ob die benötigten Unterlagen im eigenen Betrieb zeitgerecht erstellt werden können. Naturgemäß sind z.B. Software-Häuser bestrebt, einen gewissen Auftragsbestand zu haben, um selbst zeitlich möglichst gleichmäßig ausgelastet zu sein. Liefert man nun Unterlagen, die für die Programmierung notwendig sind, nicht termingemäß ab, so kann es leicht sein, daß der für diese Arbeit vorgesehene Programmierer inzwischen eine andere Arbeit begonnen hat, die er dann natürlich nicht mehr unterbrechen kann, sondern zu Ende führen muß. Die Arbeit, für die die Unterlagen verspätet geliefert wurden, wird nunmehr in eine Warteschlange eingereiht, d.h. eine Verspätung von einem Tag kann eine Verspätung von Wochen bedeuten.

4.1 Personalinformation

An erster Stelle sollte bei der Planung der EDV-Einführung die Unterrichtung der Mitarbeiter durch die Geschäftsleitung stehen. Noch immer sind einige Horrorvorstellungen über den EDV-Einsatz weit verbreitet. Außerdem besteht bei vielen Mitarbeitern die Befürchtung, die EDV-Einführung habe das Ziel, Personal einzusparen.

Es scheint deshalb sinnvoll und psychologisch richtig, die Zielvorstellungen der Unternehmensleitung bekannt zu machen. Folgende Punkte sind für die Mitarbeiter von besonderem Interesse:

welche Vorgänge sollen rationalisiert werden
+ fallen bestehende Arbeitsplätze nach Einführung weg

welche zusätzlichen Arbeiten müssen geleistet werden
+ in der Übergangsphase
+ auf Dauer

welche Personalentscheidungen sind zu erwarten
+ können alle derzeit Beschäftigten weiterbeschäftigt werden
++ sind Umsetzungen zu erwarten (mit/ohne Rückstufungen)
++ wird eine Weiterbeschäftigung für einen bestimmten Zeitraum garantiert
+ wird zusätzliches Personal benötigt
++ in der Umstellungsphase
++ auf Dauer
+ eröffnet die EDV-Einführung zusätzliche Aufstiegschancen
++ welche Qualifikation ist notwendig

Die Bereitschaft der Mitarbeiter, sich für EDV zu engagieren, wird ganz wesentlich von der Beantwortung dieser und ähnlicher Fragen abhängen. Ungewißheit schafft Unruhe. Positiv motivierte Mitarbeiter erleichtern die Abwicklung der Umstellungsarbeiten außerordentlich.

4.2 Personalplanung

Es gibt für die Personalplanung praktisch für jeden Betrieb individuelle Lösungen, die natürlich ganz wesentlich von der Betriebsgröße, der Zusammensetzung der Mitarbeiter nach Vorbildung etc. abhängt. Hier nur einige wenige Punkte.

Leitung des Gesamtprojekts „EDV-Einführung"

Gleichgültig, ob man sich entschließt, die Leitung des Gesamtprojekts einer Kommission oder einer Einzelperson zu übertragen, die Unternehmensleitung sollte an der gesamten Einführungsphase direkt beteiligt sein. Nur die Geschäftsleitung kann das Gesamtinteresse des Betriebs über Bereichs- und Fachinteresse stellen, kann fachliche und organisatorische Konflikte lösen und kann unerwartet auftretende Kostenprobleme kurzfristig entscheiden.

Leitung der Vorbereitungsarbeiten in den Fachbereichen

In jeder Abteilung sollte eine bestimmte Person für die Vorbereitungsarbeiten zuständig sein. Diese Person ist zunächst verantwortlich für die IST-Aufnahme, sodann für die Koordinierung der Zusammenarbeit mit dem EDV-Fachmann (Systemanalytiker und Programmierer). Die Aufgabe kann, muß aber nicht unbedingt, vom jeweiligen Abteilungsleiter wahrgenommen werden. (Es könnte unmöglich sein, diese Aufgabe dem Abteilungsleiter zu übertragen, weil zur raschen Durchführung eine zeitweilige Freistellung von anderen Aufgaben notwendig oder wünschenswert sein könnte.)

Schulung der Mitarbeiter

Ist es notwendig, Mitarbeiter schulen zu lassen?
Sollen (jetzt oder später) Programmierungen im Betrieb vorgenommen werden? Wer wird EDV-Organisator? Welche Schulungsmöglichkeiten gibt es:

Hersteller
Software-Haus
unabhängige Schulung durch neutrale Institutionen
Branchenorganisation (Industrie- und Handelskammer – Handwerkskammer).

4.3 Zeitplanung

Wie oben schon angedeutet, ist eine innerbetriebliche Zeitplanung unerläßlich. Es muß mindestens eine Grobplanung des Zeithorizontes mit großzügig bemessenen Pufferzeiten erfolgen, um die Zusammenarbeit mit den außerbetrieblichen Partnern zu gewährleisten.

Lassen Sie sich nicht von außen Termine aufdrängen, sondern planen Sie nach den innterbetrieblichen Gegebenheiten. Zur Planung komplexer

Aufgaben bietet sich die Netzplantechnik als verläßliches Planungsinstrument an. Ggf. sind die Kosten für Planungshilfe durch eine neutrale Stelle (Unternehmensberater) gut angelegtes Geld!

Es erscheint als eine wesentliche Voraussetzung für eine kostengünstige EDV-Einführung, die eigene, genaue und realistische Terminplanung als Vertragsbestandteil in die Liefer- und Dienstleistungsverträge mit den außerbetrieblichen Partnern aufzunehmen. Viele Mißerfolge und (gerichtliche) Auseinandersetzungen wären vermieden worden, hätte der EDV-einführende Betrieb selbst eine ordentliche Terminplanung durchgeführt.

4.4 Planungsdokumentation

Alle Planungsschritte, alle Sachentscheidungen, alle Gespräche mit Sachbearbeitern im Betrieb, so gut wie mit außerbetrieblichen EDV-Fachleuten, sollten unbedingt dokumentiert werden. Es kommt sonst zu häufig vor, daß Informationen, die für die Durchführung wichtig oder sogar wesentlich sind, verloren gehen. Damit diese Dokumentation – insbesondere von mündlichen Vereinbarungen – nicht einfach vergessen wird, ist es ein bewährtes Mittel, jedem Mitarbeiter einen Block mit Durchschriftmöglichkeit an die Hand zu geben, so daß die Vereinbarungen ohne großen Aufwand sogleich schriftlich fixiert werden können. Eindeutige Kennzeichnungen verhindern Fehlleitungen und erleichtern den Zugriff im zuletzt bestimmt sehr umfangreichen Dokumentationswerk.

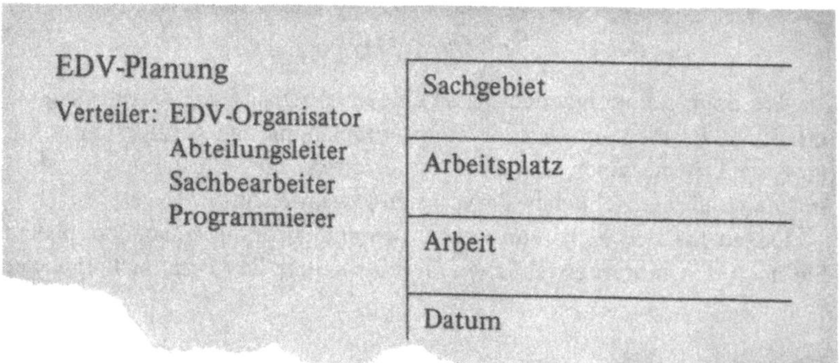
EDV-Planung
Verteiler: EDV-Organisator
Abteilungsleiter
Sachbearbeiter
Programmierer

Sachgebiet
Arbeitsplatz
Arbeit
Datum

Bild 4.1

5. Verschlüsselungen

Wir haben schon an anderer Stelle darauf hingewiesen, daß Computer „Sprachprobleme“ haben. Die normale Umgangssprache ist für den Computer nicht eindeutig genug, weil Computer eben nicht denken und deshalb Redundanz nicht verarbeiten können.

Um bestimmte Sachverhalte eindeutig festzulegen, bedient man sich künstlich gebildeter Schlüssel. Solche Schlüssel werden auch in der Umgangssprache verwendet, meist werden sie da durch Abkürzungen gebildet: LKW, PKW, CDU, SPD, NDR, ARD usw. bezeichnen etwas Bestimmtes ganz eindeutig.

Der Schlüssel M – PM 653 bezeichnet das Auto des Herrn Fritz Schulze, Ismaninger Str. 53 in München. Es handelt sich um einen Ford Fiesta, Baujahr 1980. Weiterhin ist noch durch den Schlüssel feststellbar: Das Geburtsdatum des Herrn Schulze, die Fahrgestell- und Motornummer des Wagens, der Tag der Erstzulassung und das Datum der nächsten TÜV-Untersuchung.

Welche Menge eindeutiger Informationen sind durch 7 Zeichen erschließbar!

Schlüssel sind in den Betrieben auch ganz üblich: 69543 könnte etwa Nummernschlüssel des Kontokorrentkontos des oben genannten Herrn Schulze bei einem Teehandelshaus in Bremen sein.

In manchen Branchen hat man für den ganzen Berufszweig Schlüssel vereinbart. So hat etwa jede Buchhandlung in Deutschland (BRD) eine vom Verband vergebene „Verkehrsnummer“, durch die sie eindeutig identifiziert wird. Die meisten Verlage benützen diese Verkehrsnummer als Kontokorrent-Nummer – so daß der ganze Geschäftsverkehr einer Buchhandlung unter einer Nummer abgewickelt wird.

Ein weltweit erarbeiteter Schlüssel ist die ISBN (International Standard Book Number), die Sie auf der Rückseite des Titelblatts und auf der äußeren Umschlagseite dieses Buches finden

3 7908 . . . . .

Mit dieser Nummer kann jeder Buchhändler oder jede Bibliothek weltweit – in Australien wie in Japan oder Österreich – dieses eine bestimmte Buch genau bezeichnen (und bestellen).

Die ISBN ist ein aufwendiger Schlüssel. Um nämlich Verwechslungen zu vermeiden bzw. Ziffernverdrehungen kenntlich zu machen, wird aus den ersten 9 Stellen durch Gewichtung eine Summe gebildet, die durch die letzte, die zehnte Stelle auf die nächste durch einen Divisor teilbare Summe ergänzt wird. Es wird also eine Prüfziffer gebildet, die mit hoher Sicherheit die Übermittlung falscher Zahlen kenntlich macht. Allerdings ist das Verfahren doch sehr aufwendig: Zunächst muß der Computer die zulässigen Zahlen errechnen, sodann muß bei jeder Übermittlung einer solchen Zahl die Richtigkeit überprüft werden. (Wenn Sie sich die Nummern der Postscheck-Konten anschauen, werden Sie erkennen, daß hier mit einem ähnlichen Verfahren gearbeitet wird.)

Ein solches System aufzubauen und im Computer zu implementieren lohnt sich für Sie nicht. Es gibt einfachere Schlüssel, die ebenso sicher sind. So ist es z.B. ein übliches Verfahren, das EDV-Programm so zu gestalten, daß etwa beim Aufruf eines Kontokorrentkontos durch Eingabe der Kontonummer der Name des Geschäftspartners in Kurzform auf dem Bildschirm angezeigt wird. Gibt z.B. der Buchhalter in Bremen bei der Verbuchung der Zahlungseingänge die Kundenkonto-Nummer 69543 ein, so könnte die Bezeichnung: SCHUL ISM MUE auf dem Bildschirm erscheinen. Die optische Kontrolle durch den Bediener ersetzt das aufwendige Prüfziffersystem.

Solche Tabellen können in der sogenannten „Parameter-Stamm-Datei" gelistet werden, z.B. für Mehrwert-Steuer-Schlüssel, Länder-Schlüssel usw.

Haben Sie z.B. eine Information über das Erscheinen dieses Buches direkt vom Verlag zugesandt bekommen, so befindet sich Ihr Name in der Interessentendatei des Physica-Verlags. Dort sind zu jeder Anschrift auch noch die Interessengebiete dieser Interessenten gespeichert. Der Schlüssel wird aus vier Ziffern gebildet.
Dabei bedeuten:

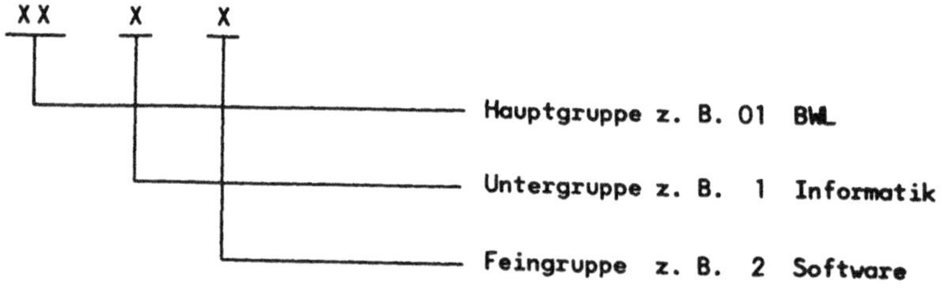

Wird eine Adresse in der EDVA angelegt, so muß dafür auch mindestens ein Interessengebiet eingegeben werden (andernfalls nimmt der Computer die Anschrift nicht an). Bei Eingabe von 0110 findet der Computer in der Liste den Begriff „Informatik", bei 0112 den Begriff „Software". Er zeigt diesen Begriff auf dem Bildschirm an und gibt dazu auch noch einen Piepton als akustisches Signal, damit der Bediener aufschaut und die optische Kontrolle vornimmt. Dieser Zugriff auf die Datei „Interessengebiete" und die Anzeige des entsprechenden Begriffs erfolgt jedoch nur bei dem Programm „Adressen anlegen/ändern". Der Klartext hat nur die Funktion, die Eingabe des richtigen Schlüssels kontrollierbar zu machen. Bei der Adresse ist nur der Schlüssel selbst gespeichert.

5.1 Anwendungsgebiete

Schlüssel findet man in allen Bereichen. Besonders bieten sie sich an für

Konten	Formulare
Kunden	Maschinen
Kostenstellen	Anlagen
Artikel	Roh-, Hilfs- und Betriebsstoffe
Aufträge	Teile
Lieferanten	
Personal	

Die Gliederung der Schlüssel kann nach verschiedenen Gesichtspunkten erfolgen, z.B. dinglich nach Gegenständen, sachlich nach Vorgängen, geographisch oder zeitlich.

5.2 Buchstaben- und Nummernschlüssel

Buchstabenschlüssel haben scheinbar den Vorteil, daß mit einer Stelle mehr Möglichkeiten gegeben sind als bei Ziffern. Eine 2stellige Buchstabenbezeichnung läßt $26 \times 26 = 26^2 = 676$ Unterscheidungen zu, gegenüber 100 bei Ziffern. Aber das täuscht: Der Programmierer hat die Möglichkeit, zwei Ziffern auf eine alphabetische Stelle zu bringen. Man nennt das im EDV-Fachchinesisch, die Stellen werden „gepackt". Dadurch hat man vier Ziffern beim gleichen Verbrauch an Speicherplatz wie bei zwei Buchstaben $10^4 = 10000$ Möglichkeiten!

Da man Buchstabenschlüssel außerdem nicht oder nur schwer statistisch auswerten kann, haben sie für die EDV praktisch kaum Bedeutung. Es ist also viel zweckmäßiger, die Postleitzahlen als Schlüssel für Orte zu verwenden als die Autokennzeichen, obwohl sich WÜ für Würzburg natürlich viel leichter merken läßt als 8700.

Der einfachste Schlüssel ist die fortlaufende Numerierung, und zwar ohne Rücksicht auf sachliche Zusammengehörigkeit. Damit ist jeder Sachverhalt eindeutig identifiziert. Man bezeichnet dieses Verfahren als systemlosen Schlüssel.

Allerdings muß man folgendes beachten: Ab 6 Stellen steigen sowohl Arbeitsaufwand als auch Fehlerhäufigkeit stark an. Es ist deshalb ratsam, 6stellige Nummernkreise zu bilden, die sich meist völlig überschneidungsfrei gestalten lassen; z.B. wird niemand die Postleitzahl mit der Kundennummer verwechseln.

Nummernungetüme, wie etwa die Versicherungsnummer in der Angestelltenversicherung, können nicht ökonomisch gehandhabt werden.

5.3 Parallelverschlüsselung

Oft besteht der Wunsch, klassifizierende Schlüssel, die es im Betrieb gibt und die sich für viele Auswertungen (z.B. auch bei Kennzahlen) bewährt haben, zu erhalten. Bei klassifizierenden Schlüsseln haben bestimmte Stellen eine bestimmte Bedeutung, z.B.

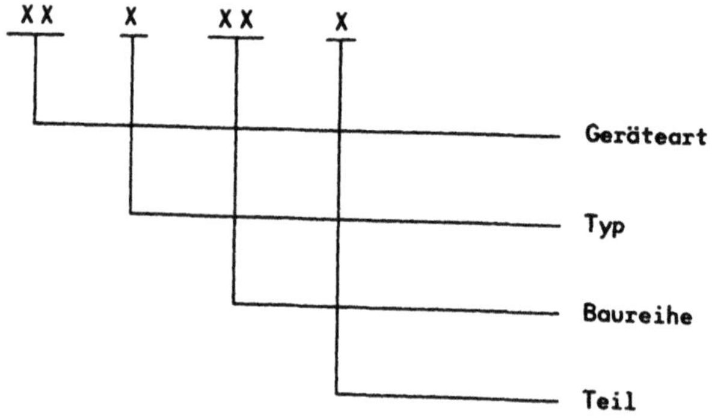

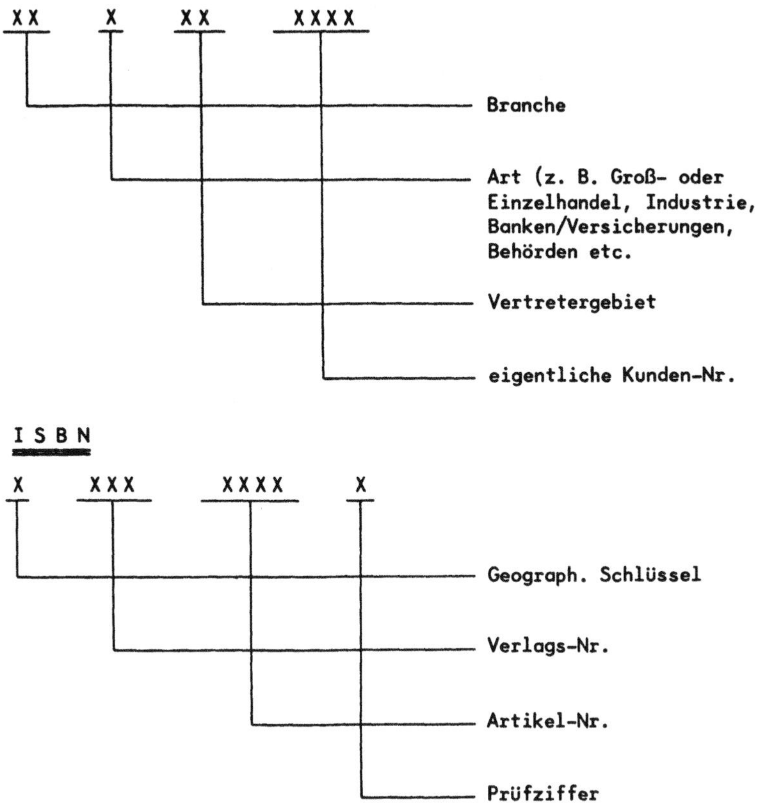

Bild. 5.1

Solche und ähnliche Schlüssel können sehr rasch anwachsen und verlieren im Laufe der Zeit leicht die Eindeutigkeit.

Hier hilft die Parallelverschlüsselung. Im Computer wird eine „Liste" gespeichert, in der ein systemloser Nummernschlüssel mit einem klassifizierenden Schlüssel verbunden wird. Außerhalb der Datenverarbeitungsanlage wird nur der systemlose Nummernschlüssel verwendet. In der EDVA wird beides verbunden, so daß die alte Auswertbarkeit des Klassifizierungsschlüssels mit der leichten Handhabung des Nummernschlüssels verbunden wird.

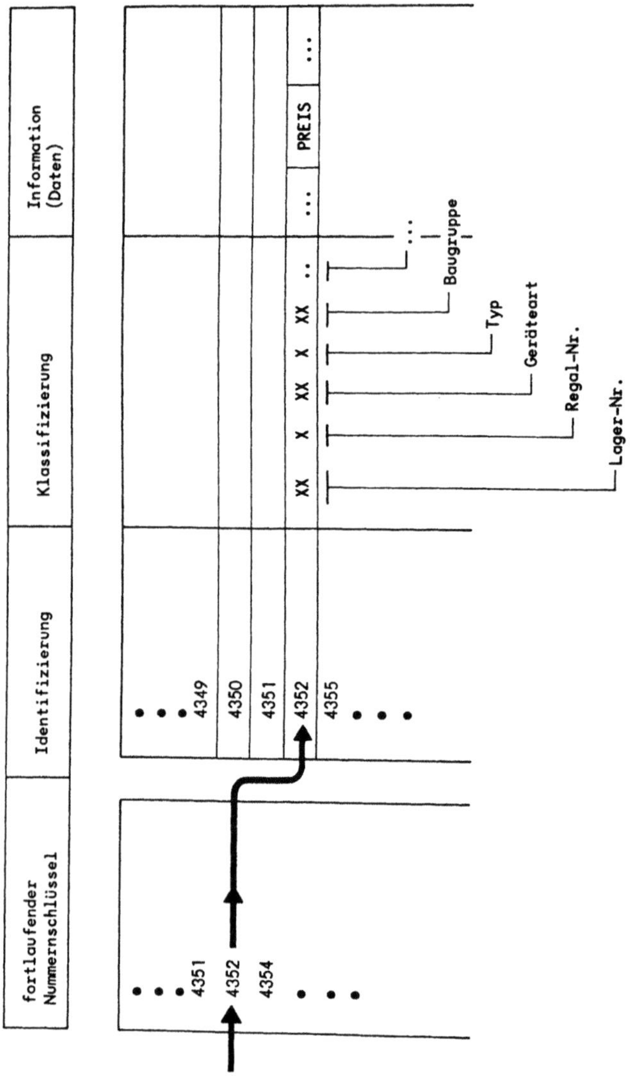
fortlaufender Nummernschlüssel
Identifizierung
Klassifizierung
Information (Daten)
4351
4352
4354
4349
4350
4351
4352
4355
XX X XX X XX ..
...
PREIS
...
Lager-Nr.
Regal-Nr.
Geräteart
Typ
Baugruppe

Bild. 5.2

5.4 Match-Codes

Um größere Mengen von Daten im Computer leicht verwalten zu können gibt es einige Tricks. Das Problem stellt sich zunächst sehr einfach: In einer Datei befinden sich eine große Anzahl von „Sätzen", die alle nach dem gleichen Schema aufgebaut sind. Enthalten diese Sätze nun Angaben, die sich relativ schnell wandeln oder die öfter aufgerufen werden müssen, so hat man die Schwierigkeit, den jeweilig richtigen Satz, den man sich auch als Karteikarte in einer Kartei vorstellen kann, wiederzufinden. Meist handelt es sich bei solchen Datenmengen um personenbezogene Daten, etwa eine Kundenkartei oder – meist noch viel umfangreicher – eine Interessentendatei. Hier finden oft größere Bewegungen statt: Alte Kunden beziehen nicht mehr, aus welchen Gründen auch immer, neue Kunden kommen hinzu, sollen oder müssen hinzugewonnen werden. Bei der Neuanlage soll aber sichergestellt sein, daß Doppelanlegen einer Anschrift vermieden wird.

Zur Lösung dieses Problems bedient man sich sogenannter Match-Codes.

Match-Codes ermöglichen es, aus einer numerisch geordneten Datei einen bestimmten Satz nach einem alphabetischen Suchbegriff von der EDVA heraussuchen zu lassen. Hier zunächst ein einfaches, alltägliches Beispiel: Eine Zahlung geht ein. Der Zahler gibt zwar seinen Namen an, aber weder Kunden- noch Rechnungsnummer. Nur bei einer geringen Anzahl der Kunden, nämlich bei denen, bei denen überdurchschnittliche Kontenbewegungen stattfinden, wird der Buchhalter in der Lage sein, dem Namen und die dazugehörige Kontennummer aus dem Gedächtnis zuzuordnen.

Ein einfacher Suchbegriff wird durch die Angaben

1. Silbe Namen + 1. Silbe Wohnort

gebildet. Beispiel: LIEREUT

Über die dazugehörige Match-Code-Datei findet der Computer sofort die dazugehörige Anschrift und Kontennummer:

Liebing, Peter A., Reutlingen 2 Kto.-Nr. 65789

Sind mehrere gleiche Match-Codes in der Datei vorhanden, so zeigt die

EDVA mehrere in der Reihenfolge der Kontennummern an; Beispiel: BERNSTUTT

BERNHARDT, ROLF	STUTTGART 50	Kto.-Nr. 37894
BERNATZKI, HANS	STUTTGART 1	Kto.-Nr. 53612
BERNREUTER, PAUL	STUTTGART 60	Kto.-Nr. 78345

Ein solches Verfahren ist natürlich nur sinnvoll, solange die optische Auswahl des richtigen Einzahlers aus der angezeigten Liste einfach ist. Der Match-Code MUELMUEN würde nicht nur alle Müller in Münster anzeigen. Das Postbuch nennt mehr als 30 Orte, die mit MUEN beginnen. Den richtigen Namen aus dieser Liste optisch heraussuchen wäre eine große Arbeit, die von der EDVA bei anderer Organisation schneller, sicherer und leichter erledigt werden kann.

Dazu kommt noch ein weiterer Gesichtpunkt: Oft sind Silben nicht ganz einfach zu bilden, wenn man z.B. an Namen fremden Ursprungs denkt: Der Name Kuczcowski würde im Zweifelsfall nicht leicht in erste und zweite Silbe zu trennen sein; richtet man sich bei den vielen Ortsnamen, die z.B. mit Neckar- beginnen, nach der Lautbildung der ersten Silbe und gibt als Match-Code NECK ein, oder richtet man sich nach der Rechtschreibregel und trennt die erste Silbe NEK ??

Die Schwierigkeit, daß verschiedene Mitarbeiter nach verschiedenen Regeln vorgehen könnten, umgeht man, wenn man den Match-Code von der EDVA nach ganz festen Regeln selbst bilden läßt. Man verzichtet am besten auf Silben und nimmt starre Buchstabenfolgen. Da ja die Münchener Müllers nicht alle in der gleichen Straße wohnen, liegt es nahe, einige Buchstaben aus dem Straßennamen in den Match-Code einzubeziehen. Auf diese Weise kann man mit 10 Stellen schon sehr effektive Match-Codes bilden. Beispiel:

Hans Weidenthal
Friedenstr. 10
2000 Hamburg

erhält den maschinell gebildeten Match-Code aus 4 Buchstaben des Familiennamens, 3 Buchstaben der Straße, 3 Buchstaben des Orts

WEIDFRIHAM.

Die automatische Bildung von Match-Codes und deren (ebenfalls automatische) Verwaltung in einer Match-Code-Datei ist programmiertechnisch überhaupt kein Problem. Jeder einigermaßen erfahrene Programmierer beherrscht diese Technik. Für den Sachbearbeiter ergibt sich aber das Problem, wie umfangreich der Match-Code sein soll, damit er effizient arbeitet. Damit hängt eng zusammen, wie er gebildet werden soll: Ist es sinnvoll, die Straße vor dem Ort zu bringen? Wenn ein Müller in München von der A-Straße in die B-Straße verzieht, dann findet man ihn nur dann aus den anderen Müllers heraus, wenn er nicht nur seine neue, sondern auch seine alte Anschrift mitteilt. Das gleiche Problem besteht natürlich, wenn jemand von Hamburg nach Bremen verzieht. Auch ein Match-Code mit 20 Stellen bringt da keine Lösung. Umfangreiche Match-Codes lassen sich zwar genauso leicht bilden wie kurze, sie benötigen aber mehr Speicherraum und der ist nicht billig.

Alle wesentlichen Gesichtspunkten muß der Sachbearbeiter ermitteln und auflisten. Der EDV-Spezialist wird ihn dann bei der Ausarbeitung der Möglichkeiten beraten. Die Verantwortung liegt aber beim Sachbearbeiter. Wenn erst einmal eine große Anzahl Sätze – oft sind es fünfstellige Zahlen! – in einer Adressdatei steht, dann ist das System nur mit sehr hohen Kosten zu ändern, wenn man später im Realbetrieb feststellt, daß die Match-Code-Auswahl umständlich oder nicht eindeutig ist!

5.5 Vorgehensweise für Schlüsselüberprüfung

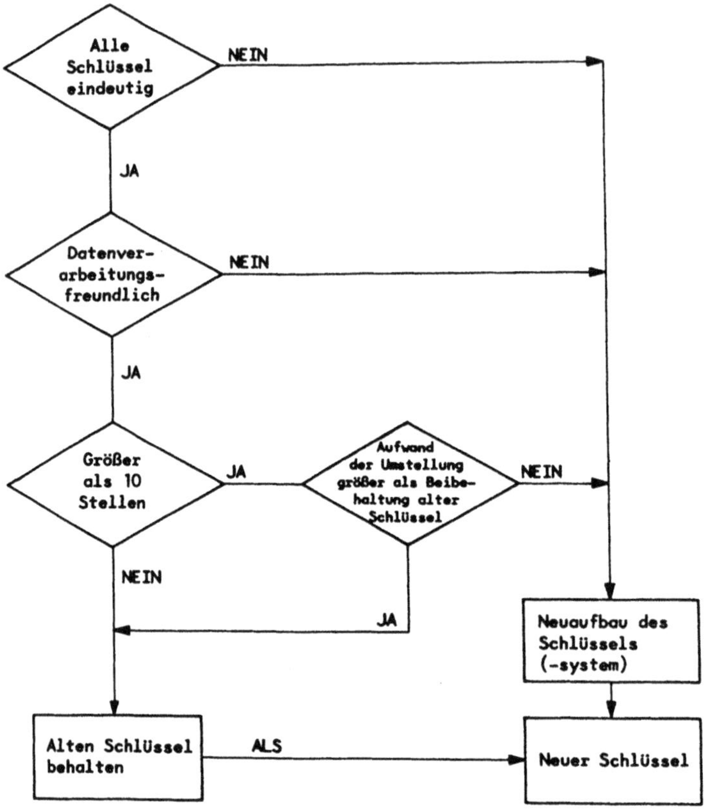

Bild 5.3

5.6 Aufbau eines Schlüsselsystems

Wegen Verzögerungen durch auftretende Zuordnungsschwierigkeiten (gehört zur Tagesordnung!) so früh wie möglich mit der Verschlüsselungsarbeit beginnen.

Die eigentliche Verschlüsselung muß außerordentlich penibel und vollständig durchgeführt werden. Dadurch nimmt sie of sehr viel Zeit in Anspruch.

Je Schlüsselobjekt wird die Systematik innerhalb der organisatorischen (Grob-) Planung erarbeitet. Ohne Beiteiligung und Zustimmung der betroffenen Abteilungen/Stellen darf *niemals* ein Schlüsselsystem entwickelt werden. Das Schlüsselsystem muß eindeutig und leicht zu handhaben sein, der Schlüssel selbst so kurz und aussagefähig wie möglich. Das Schlüsselsystem sollte sich weitgehend an den Anforderungen der Datenverarbeitung orientieren.

Die Schlüssel sollten auf jeden Fall in einem Verzeichnis dokumentiert werden. Es sollte mit ersichtlich sein, welche Schlüsselinformation von welcher Abteilung benötigt wird.

Informationsinventur

- Welche Schlüsselsysteme bereits vorhanden sind (numerisch, alphabetisch, alphanumerisch, identifizierend und/oder klassifizierend, sprechend usw.).
- Welche Unterlagen existieren über die vorhandenen Systeme?
  (gar keine, Belegdokumentation).
- Was sollen die klassifizierenden Schlüssel aussagen?
  (Gruppierungen, Zusammensetzung und Art von Gegenständen).
- Anwendungsbereiche der Schlüssel?
  (Ordnungskriterium, Suchbegriff, Zuordnung für Auswertungen, Verarbeitungsart).
- Auf welchen Unterlagen wird der Schlüssel vermerkt?
  (Belege, Formulare, Kataloge, Preislisten).
- Was muß zu welchen Kosten evtl. umgestellt werden?
  (Umorganisation und dazu erforderlicher Aufwand an Material und Personal).

Bestimmung der Funktion für die Schlüsselsysteme

- Was sind die Aufgaben des Schlüssels?
  (Identifizierung, Klassifizierung, Gliederung nach verschiedenen Gesichtspunkten).
- Welche Abteilungen bzw. Stellen müssen mit dem Schlüsselsystem arbeiten?
  (Lager-, Personal-, Buchhaltungssektor).
- Wie weit ist die Klassifizierung zweckmäßig und wie fein *muß* sie sein?
  (abhängig von der Aufgabe und gewünschten Zwecken/Auswertungen. Teilenummern können z.B. bis 30 nebeneinandergestellte klassifizierende Schlüssel erforderlich machen. Im allgemeinen sind 2stellige Klassifizierungen ausreichend. Man sollte nicht zu fein verschlüsseln).

Aufbau des Schlüsselsystems

- Was kann von dem vorher angewandten Schlüsselsystem verwendet werden?
  (Art, Aufbau der Identifizierungs- und Klassifizierungsmerkmale).
- Welche (neuen) Klassifizierungen sind gewünscht bzw. erforderlich?
  (Auskunftserfordernisse und deren Tiefe bzw. Staffelung).
- Sachverhalt und Gegenstände eindeutig bezeichnen und definieren.
- Festlegen der einzelnen Schlüsselnummern für bestimmte Sachverhalte und Gegenstände.
- Klare und eindeutige Dokumentation der (neuen) Schlüsselsysteme und betroffenen Abteilungen.

Rangigkeit

Der höchstrangige Begriff wird innerhalb des Satzaufbaues an linkester Stelle plaziert. Dieser ersten Schlüsselstelle werden alle anderen Stellen untergeordnet. Das hat den Vorteil, daß sehr schnell selektive Auswertungen erstellt werden können.

Bei den Vorbereitungen muß der Sachbearbeiter die Anforderungen an dieses hierarchische System nennen. Er muß auch auf Verbindungen des Datenmaterials hinweisen. Ein Beispiel für derartige Auswertungen sind Arbeiten mit den Postleitzahlen:

- Sämtliche Orte, bzw. Kunden aus diesen Orten, mit der PLZ beginnend mit der Ziffer 7 . . .
- Sämtliche Orte, bzw. Kunden aus diesen Orten, mit der PLZ beginnend mit den Ziffern 71 . . .

6. Stammdaten

Als Stammdaten bezeichnet man jene Daten, die durch die Datenverarbeitung nicht verändert werden, sondern auf die von den Verarbeitungsprogrammen immer wieder zurückgegriffen wird.

Typische Stammdaten sind

Kunden-Stammdaten
Kontokorrentkonto-Nr., Name, Vorname, Straße, Hausnummer, Postleitzahl, Ort, Zustellamt, Bankverbindung, Kreditlimit, Rabattgewährung, Skontovereinbarung, Zahlungsziel etc.

Artikel-Stammdaten
Art.-Nr., Bezeichnung, Material, Gewicht, Maß, Listenpreis, Einstandspreis, Bilanzwert, Lagerstandort, Lieferant etc.

Der Gegenstand zu den Stammdaten sind die Bewegungsdaten, z.B. Umsätze aller Art.

In manchen Fällen ist es praktisch, Stammdaten mit Bewegungsdaten zu kombinieren. Wenn man z.B. zum Artikelstammsatz die Lagerbestände speichert, erhält man durch einfache Multiplikation (die die EDVA bei jedem Aufruf des Satzes ausführt) sogleich den Bilanzwert angezeigt oder ausgedruckt, was für Zwischenbilanzen o.ä. sehr praktisch sein kann.

Zunächst muß in den einzelnen Abteilungen festgestellt werden, welche Stammdaten im Betrieb benutzt werden.

Dabei ist zu prüfen, welche Angaben

unbedingt notwendig

und welche Angaben

wünschenswert

sind. Die Überlegungen, welche Angaben ggf. weggelassen werden können, müssen in Zusammenarbeit mit dem Systemanalytiker angestellt werden: Einerseits verbrauchen alle Informationen natürlich Speicherplatz auf der Magnetplatte. Da Speicherplatz nicht beliebig zur Verfügung steht bzw. relativ teuer ist, versucht man alle über die unbedingt notwendigen Angaben hinausgehenden Angaben wegzulassen. Andererseits kann durch die ständige Verfügbarkeit von bestimmten Informationen, die evtl. die EDVA selbst verwaltet und auf dem Laufenden hält, so viel Zeit gespart werden, daß auf Dauer die Kosten für den Speicherplatz nicht ins Gewicht fallen.

Bestimmte Stammdaten, auf die bei vielen Arbeiten zugegriffen werden muß und die deswegen zweckmäßigerweise auch zentral verwaltet werden, nennt man auch „Parameterstammdateien". Hier können z.B. gespeichert werden

Landsätze
Auftrags-Nr.-Satz
Rechnungs-Nr.-Satz
Banksätze, Bankleitzahlen
Rabatt-Sätze
Zahlungsbedingungen
MwSt.-Schlüssel
usw.

Es folgen einige Hinweise für den Aufbau von Stammdaten-Sätzen in den verschiedenen Abteilungen.

6.1 Materialwirtschaft

In der Materialwirtschaft bildet die *Bestelldatei* den Mittelpunkt. Diese Datei wird so aufgebaut, daß für jede offene Einkaufsbestellung ein sogenannter Bestellsatz erstellt wird. Alle für die Bestellung wichtigen Informationen wie Bestellmenge, Liefertermin, Lieferart, vereinbarter Preis usw. sind im Bestellsatz enthalten.

Beispiel für den Inhalt eines Bestellsatzes:

Bestellnummer
Bestelldatum
Anforderungs-Nr.
Anforderungs-Datum
Adresse im Stammsatz
Einkaufs-Sachbearbeiter
Liefertermin
Bestellstatus
Mahnschlüssel
Lieferanten-Nr.
Adresse zum Lieferantensatz
Schlüssel für Lieferbedingungen
Preis je Einheit
Nebenkosten
Bestellwert
Nummer der Bestellbestätigung
Termin der Lieferantenzusage
Wareneingangs-Nr.
Wareneingangs-Datum
Schlüssel der Qualitätskontrolle
offene Restmenge
Konto-Nr.
Kostenstelle
bezahlter Betrag
aufgelaufene Kosten
Datum der letzten Zahlung
Nummer der letzten Zahlung
Rechnungs-Datum.

In Verbindung zur Bestelldatei steht die *Lieferantendatei*. Im sogenannten Lieferantensatz steht

die gesamte Anschrift des Lieferanten
die Lieferanten-Nr.
die Bankleitzahl
Schlüssel für Lieferbedingungen
Kontonummer

Währungschlüssel
Umsatz mit dem Lieferanten
Anzahl der Terminüberschreitungen
Datum der letzten Lieferung
Anzahl der offenen Bestellungen
Wert der offenen Bestellungen
Adresse zum Bestellsatz der offenen Bestellung.

Mit Hilfe des Computers können eine ganze Reihe von Aufgaben innerhalb der Materialwirtschaft wirtschaftlicher gelöst werden:

- Bestandsverwaltung,
- Terminüberwachung,
- Bestellvorschläge,
- Bedarfsprognosen,
- Ermittlung von Mindestbestandsmengen,
- Ermittlung optimaler Bestellgrößen,
- aktuelle Darstellung der jeweiligen Vorgänge.

Voraussetzung für die maschinelle Bearbeitung ist, daß die einzelnen Tätigkeiten der Sachbearbeiter detailliert festgelegt und die Querinformationen gesichert werden. Typisches Beispiel hierzu ist die *Lagerverwaltung.* Für die Entnahme kann vorteilhafterweise eine sogenannte „Lesepistole" verwendet werden. Mit einer einfachen Bewegung sind alle wichtigen Daten erfaßt und der Computer kann sofort den jeweils aktuellen Lagerbestand ausrechnen.

Außer mit der Lesepistole können diese Arbeiten auch im Dialog mit dem Computer am Bildschirm erfolgen.

Für die Verarbeitung der verschiedenen Gebiete der Materialwirtschaft sind heute auf dem Markt gute Softwarepakete zu erhalten. Im allgemeinen empfiehlt es sich mit der Bestandsführung zu beginnen. Hier ist einerseits ein überschaubares Gebiet vorhanden, auf dem man sich gefahrlos EDV-Erfahrung sammeln kann, und andererseits bildet die Bestandsführung eine wichtige Basis in der EDV für die gesamte Disposition, Beschaffung und das Terminwesen.

Nachdrücklich muß auch an dieser Stelle darauf hingewiesen werden, daß die Unterstützung durch den Computer, nur dann den gewünschten Erfolg bringen kann, wenn die bereits genannten Voraussetzungen, wie z.B. eindeutiges Verschlüsseln aller Sachen und Aufbauen der Stammdaten erfüllt sind. Checklisten wiederum bilden eine gute Grundlage, um zu prüfen, ob die notwendigen Daten überhaupt und vollständig angegeben worden sind. Für die Grunddaten des Materialstammsatzes kann eine solche Checkliste nach „DV-Leitfaden“, VDMA, Frankfurt wie folgt aussehen (Ausschnitt):

Feld-Nr.	Feldbezeichnung
1	Teilenummer (Material-, Teile-, Baugruppen-, Erzeugnis-Nr.)
2	Benennung
3	Material-/Teileart (Charakterschlüssel)
4	Teilecode / Baunummer
5	Zeichnungsformat
6	Anlauftermin
7	Freigabe- bzw. Änderungs-Nr.
8	Änderungsursache
9	Änderungsstatus (Index)
10	Statusschlüssel
11	Auslauftermin
12	ABC-Schlüssel
13	Verantwortlicher Disponent
14	Maßeinheitsschlüssel
15	Preiseinheits-Schlüssel
16	Dispositionsschlüssel (Vorhersage-Schlüssel)
17	Bedarfsermittlungsverfahren (personell/maschinell)
18	Beschaffungsschlüssel
19	Lagerkonto-Nr. / Kostenstelle
20	Materialgruppe
21	Materialkosten
22	Fertigungskosten
23	Rüstkosten
24	Verrechnungspreis/Herstellkosten
25	Letzter Einstandspreis
26	Bestellmenge 1
27	Preis 1
28	Bestellmenge 2
29	Preis 2

30	Bestellmenge 3
31	Preis 3
32	Warenursprungsschlüssel
33	Zolltarifnummer
34	Statistische Warennummer

Diese Grunddaten, die schwerpunktmäßig auf den Maschinenbau zugeschnitten sind, können und müssen selbstverständlich betriebsspezifisch modifziert werden. In einem Verlag sind andere Schwerpunkte gegeben als im Maschinenbauunternehmen, und in der Textilindustrie andere als im Apparatebau. Für den Bereich der Materialwirtschaft müssen außer diesen Grunddaten noch Zusatzdaten für die Bedarfsermittlung und Disposition, das Bestellwesen und das Lagerwesen erfaßt und gespeichert werden. Checklisten bieten sich auch hierzu vorteilhaft an. Ebenfalls nach dem „Leitfaden DV", VDMA, Frankfurt können diese Checklisten wie folgt aussehen:

Checkliste für die Bedarfsermittlung und Disposition (Zusatzdaten zur Materialstammsatz):

Feld-Nr.	Feldbezeichnung
1	Jahresbedarfsmenge
2	Jahresbedarfswert
3	Bedarfsmengen für Bedarfsperioden
4	Datum der 1. Bedarfspeicher
5	ALPHA-Wert
6	MAD-Vorhersagefehler
7	Abweichsignal
8	Gewünschter Servicegrad
9	Ausschußfaktor
10	Zusatzbedarfsmenge
11	Vorlaufzeit in Tagen
12	Teilfamilienschlüssel
13	Dispositionsstufe
14	Bestellpunkt
15	Mindestbestand
16	Sicherheitszeit in Tagen
17	Unterprogramm Zusatzbedarf

18	Zusatzprogramm Nettobedarf
19	Unterprogramm Losgröße
20	Unterprogramm Vorlaufverschiebung

Checkliste für das Bestellwesen (Zusatzdaten zu Materialstammsatz):

1	Auftrags-/Bestellvorbereitungszeit
2	Liefer-/Durchlaufzeit
3	Prüf-/Einlagerungszeit
4	Sicherheitszeit
5	Solleindeckungszeit
6	Bestellrhythmus/Lagerprüfperiode
7	Umterminierungskonstante
8	– auf früher
9	– auf später
10	Mahnkonstante
11	Stornierungskonstante
12	Tag der Rechnung
13	Bestellmengenschlüssel
14	Fixe Bestellmenge
15	Maximale Bestellmenge
16	Maximale Eindeckungszeit in Tagen
17	Verpackungseinheit
18	Lagerkostensatz
19	Bestellkosten/Rüstkosten
20	Umterminierungskosten
21	Lieferanten-Nr. (n-mal)
22	Lieferantenbezeichnung
23	Letzte Lieferung
24	Umrechnungsfaktor (bei unterschiedlichen Mengeneinheiten).

Checkliste für die Lagerwirtschaft (Zusatzdaten zu Materialstammsatz):

Feld-Nr.	Feldbezeichnung
1	Lagerbestandmenge (evtl. mehrfach bei mehreren Lagerorten, Chargen, etc.)
2	Lagerbestandswert
3	Lagerort

4	Werkstattbestandsmenge
5	Bestellbestandsmenge
6	Reservierte Menge (verfügte Menge)
7	Durchschnittliche Lagerbestandsmenge
8	Tag der letzten Inventur (Fabrikkalender)
9	Zugangsmenge Lfd.-Periode
10	Zugangsmenge Lfd.-Jahr
11	Zugangswert Lfd.-Jahr
12	Tag des letzten Abganges (Fabrikkalender)
13	Geplante Abgangsmenge Lfd.-Projekte
14	Abgangsmengen für Ausschuß
15	Abgangsmengen für Ersatz (Ersatzteile)
16	Abgangsmengen Lfd.-Jahr
17	Rückstandsmengen Lfd.-Periode
18	Anzahl der Nichtauslieferungen Lfd.-Periode
19	Pufferzeit

6.2 Vertrieb

Im Vertrieb kann man z.B. verschiedene Problembereiche unterscheiden:

Problembereich 1 = Technische Angebotsplanung
Problembereich 2 = Terminierung
Problembereich 3 = Kalkulation
Problembereich 4 = Juristische Beratung

Für viele Betriebe ist hauptsächliche Zielsetzung des EDV-Einsatzes eine raschere, genauere und wirtschaftlichere Angebotserstellung.

Übergreifend auf die Angebotsbearbeitung und die Auftragsbearbeitung ist die Angebotskalkulation. Mit Hilfe des Computers können gesicherte Werte ermittelt werden. Dabei wird die Zeitdauer für die Erstellung minimiert. Es spielt zunächst keine Rolle, welche der in der Praxis bekannten Methoden im Einsatz ist, also

- die *Kilokostenmethode*, d.h. die Basis ist der Kilopreis ähnlicher Erzeugnisse,
- die *Materialkostenmethode*, d.h. die Basis ist die Kostenstruktur ähnlicher Erzeugnisse,
- die *Kalkulation* der Einzelteile, d.h. die Basis sind Zeitwerttabellen, Lohnsätze usw. von kostenrepräsentativen Einzelteilen.

Für alle diese Überlegungen müssen von den Sachbearbeitern der Fachabteilungen die detaillierten Angaben über die im Betrieb üblichen Arbeitsweisen gegeben werden. Damit bei den Angaben bei der IST-Aufnahme möglichst nichts vergessen wird, bedient man sich ebenfalls Checklisten. Eine Checkliste für den in der EDV anzulegenden *Kundenstamm* kann z.B. wie folgt aussehen (Quelle: „DV-Leitfaden", VDMA Frankfurt):

Feld-Nr.	Feldbezeichnung
1	Kunden-Nummer
2	Kundenname 1
3	Kundenname 2
4	Postleitzahl
5	Ort
6	Straße
7	Postfach
8	Kurzanschrift
9	Staat
10	Bundesland
11	Regierungsbezirk
12	Kreis
13	Verkaufsbezirk-Nr.
14	Unterbezirks-Nr.
15	Verkaufssachbearbeiter-Nr.
16	Kontaktperson (3-mal)
17	Kontaktpersonenschlüssel (3-mal)
18	Kunden-/Interessentenschlüssel
19	Kundengruppe
20	Branche
21	Diverse Kundenkriterien
22	Mitgliedschaft bei Institutionen (3-mal)
23	Belieferung von Außenlager

24	Versandart
25	Entfernungszone
26	Sammelrechnung
27	Anzahl Rechnungskopien
28	Währungsschlüssel
29	Sprachschlüssel
30	Rabatt- bzw. Preisschlüssel (n-mal)
31	Zahlungsbedingungsschlüssel
32	Zahlungsart
33	Kreditlimit in TDM
34	Monat und Jahr der letzten Auskunft
35	Kennziffer „Keine Mahnung"
36	Bonusschlüssel
37	Bankkonto-Nr.
38	Bankleitzahl
39	Bankanschrift
40	Bankeinzugsrhythmus
41	Anmerkungen
42	Saldo (Fakturierung/Zahlungseingang)
43	Skonti
44	Unerlaubte Abzüge
45	Wechselobligo
46	Zahlungsmoral (gezahlte Beträge multipliziert mit der Zahl Überziehungstage)
47	Anzahl 1., 2. und 3. Mahungen
48	Umsatz
49	Preisnachlässe
50	Anzahl Rechnungen
51	Anzahl Lieferscheine
52	Werbematerial
53	Nicht berechnete Verpackung
54	Nicht berechnete Fracht
55	Boni
56	Außendienstprovision
57	Auftragsbestand
58	Höchster bisheriger Auftrag
59	Datum des letzten Auftrages

60	Anzahl der Aufträge
61	Angebotsbestandswert
62	Datum des letzten Angebots
63	Anzahl der Angebote
64	Angebotsausgangswert
65	Platzziffer nach Rangstufenpunktzahl
66	Sollbesuche
67	Tourenschlüssel
68	Erfolgte Besuche
69	Besuchsdauer in Minuten
70	Datum des letzten Besuches
71	Anzahl Reklamationen

Diese Checkliste zeigt, wie umfangreich ein Stammsatz sein kann. Dabei muß man sich darüber im Klaren sein, daß die meisten dieser Daten auch ohne EDV-Verarbeitung benötigt werden. Das Aktualisieren und bedarfsweise Verändern dieser Daten in einer manuell geführten Kartei führt in der Praxis zu Unvollständigkeit der Unterlagen.

6.3 Konstruktion und Entwicklung

Der Konstruktion und Entwicklung kommt in den Industrieunternehmen eine besondere Bedeutung zu. In diesem Unternehmensbereich werden sehr viele Ursprungsdaten erzeugt, nach denen nachfolgend gearbeitet wird. Bei der Vorbereitung des EDV-Einsatzes kommt der Analyse der Tätigkeiten eine große Bedeutung zu. Konstruktion ist nicht gleich Konstruktion. In der Praxis werden so unterschiedliche Konstellationen angetroffen wie in keinem anderen Unternehmensbereich. Für den ersten Einsatz der EDV im Bereich Konstruktion bieten sich Aufgaben aus dem schematisch-manuellen Bereich an. Da wäre zunächst einmal die *Stücklisten-Bearbeitung*. Die Stückliste ist in allen Betrieben eines der wichtigsten Fertigungs- und Planungshilfsmittel. Eine zweckmäßige Stücklistenorganisation ist Grundlage und letztendlich Voraussetzung für eine rationelle Material- und Fertigungsdisposition. Hauptvorteile einer EDV-unterstützten Stücklistenbearbeitung liegen insbesondere in der nur einmaligen Erfassung der Daten und der Möglichkeit, diese nach den verschiedensten Gesichtspunkten gegliedert wieder abzurufen. Auch hier bilden die Stammdaten wichtige Grundlagen. Diese Stammdaten dienen zur Beschreibung der Teile und enthalten alle Angaben, die zum Herstellen des Teiles notwendig sind.

Nach der Beschreibung der Arbeitsabläufe durch die Konstrukteure während der IST-Aufnahme muß gemeinsam festgelegt werden, wie die Stückliste aussehen muß. Die Anzahl der Schreibstellen für die einzelnen Spalten, die Art der Schreibweise alpha, numerisch oder alphanumerisch ist ebenso festzulegen, wie z.B. Hochformat oder Querformat. Beispiel einer Checkliste für Stücklistenangaben:

– Im Stücklistenkopf –

Feld-Nr.	Feldbezeichnung	Anzahl Schreibstellen	Schreibweise
1	Ausgabe-Datum	8	numerisch
2	Erstell-Datum	8	numerisch
3	Ersteller (Namenskurzzeichen des Konstrukteurs)	3	alpha
4	Abteilung (Abteilungskurzzeichen der Konstruktion)	3	alpha
5	Maschinentype	10	alphanumerisch
6	Letzte Änderung am	8	numerisch
7	Änderungs-Nr.	5	numerisch
8	Änderungs-Buchstabe	1	alpha
9	Blatt-Nr.	2	numerisch
10	Werk-Nr./Index	6+3	numerisch
11	Stückzahl	3	numerisch
12	Benennung	37	alphanumerisch
13	Gruppen-Nr.	max. 19	alphanumerisch
14	Erstausführung	6	numerisch
15	Zeichnungs-Nr.	22	alphanumerisch

– Stücklistenpositionsfelder –

16	Änderung (Für zeitlich oder aus anderen Gründen begrenzte Änderung)	2	numerisch
17	Lfd. Nr.	3	numerisch
18	Stückzahl	4	numerisch
19	Benennung und Bemerkung	37	alphanumerisch
20	Teile-Nr.	19	alphanumerisch
21	Definitions-Schlüssel	1	alpha
22	Teile-Art	1	alpha
23	Schlüssel für Bezugsart	1	alpha
24	Teile-Nr. Rohmaterial	10	alphanumerisch
25	Werkstoff	10	alphanumerisch
26	Modell-Nr./Profil	10	alphanumerisch
27	Breite	4	numerisch
28	Länge	5	numerisch
29	Zeichnungs-Nr.	22	alphanumerisch
30	Baugruppen-Index	3	numerisch

Außer der Stücklistenbearbeitung besteht im Bereich der *technisch-wissenschaftlichen Berechnungen* eine sehr gute Möglichkeit, die EDV im Konstruktionsbereich einzusetzen. Mehr denn je bringt der durch erhöhte Exporttätigkeit risikoreichere Bau von Maschinen die Notwendigkeit mit sich, alle zur technisch-wissenschaftlichen Berechnung von Produkten möglichen Aussagen zu machen. So werden in steigendem Maße Festigkeitswerte, Strömungsvorgänge und Verfahrensabläufe berechnet, die bislang sowohl vom zeitlichen Aufwand als auch von ihrem Schwierigkeitsgrad her mit konventionellen, meist manuellen Hilfsmitteln nicht auszuführen waren oder nicht ausgeführt wurden. Programmierbare Tischrechner erleichtern hier dem Konstrukteur selbst am Arbeitsplatz die Arbeit und lassen bei Wiederholvorgängen absolut sichere Aussagen zu. Für zahlreiche Berechnungen für Maschinenelemente, wie Zahnräder, sind Terminals, angeschlossen an Times-sharing-Betriebssysteme in Rechnerzentren, ohne großen Aufwand einsetzbar.

Auf die zukunftsorientierte neue Technologie CAD/CAM wird im Rahmen dieses Buches nicht eingegangen, da dies zum einen den Rahmen sprengen würde und zum anderen bei CAD/CAM-Anwendungen eine spezielle EDV-Verarbeitung vorliegt.

Auch ist der Einsatz von der finanziellen Seite her gesehen für mittlere und kleinere Betriebe nur in Ausnahmefällen bereits heute gegeben.

6.4 Produktion und Arbeitsvorbereitung

Die Produktion mit Arbeitsvorbereitung und Fertigungsplanung ist in vielen Mittel- und Kleinbetrieben zentrale Funktion überhaupt. Ein EDV-Einsatz muß deshalb besonders kritisch überprüft und sehr sorgfältig vorbereitet werden.

Ein wichtiger Ansatzpunkt ist die *Arbeitsplanerstellung*. Der Arbeitsplan ist neben der Zeichnung und der Stückliste ein wichtiges Dokument für die Herstellung von Einzelteilen, Baugruppen, Erzeugnissen usw. Ganz besonders interessant, weil gute Wirtschaftlichkeit erreicht werden kann, ist die Erstellung der Arbeitspläne mit dem Computer, wenn auch die Stücklisten EDV-unterstützt erstellt werden. Unabhängig von der Erstellungsart der Arbeitspläne kann die Zeitrechnung für die einzelnen Arbeitsgänge über EDV erfolgen. Hierzu eignen sich ganz besondere Kleincomputer, mit denen der Sachbearbeiter direkt am Arbeitsplatz vorteilhaft arbeiten kann. Vorhandene Zeitwerttabellen u.ä. werden als Vorbereitung eines EDV-Einsatzes aktualisiert und ergänzt.

Grundlage für eine EDV-unterstützte Arbeitsplanerstellung ist einmal die Stammdatei, wie sie bei den ressortunabhängigen Überlegungen besprochen wurden, und zum anderen die Arbeitsgangdatei. Beim Aufbau dieser Datei wird für jeden Arbeitsgang ein Datensatz gespeichert mit allen Angaben über die Arbeitsdurchführung, Arbeitsgangnummer, Arbeitsgangbeschreibung, Arbeitsplätze, Vorgabezeiten, Vorrichtungen, Werkzeuge, Material etc.

Checkliste für Arbeitsplandaten nach „DV-Leitfaden", VDMA, Frankfurt:

Feld-Nr.	Feldbezeichnung
1	Arbeitsplannummer (Erzeugnis-, Baugruppen- oder Einzelteilnummer)
2	Arbeitsfolgenummer
3	Arbeitsgangnummer
4	Arbeitsgangtext
5	Lohnfertigungskosten in DM
6	Lohngemeinkosten in %
7	Übergangszeit in Tage
8	Rückmeldekennzeichen (Meilenstein)
9	Aufgelaufene Materialkosten Soll
10	Aufgelaufene Materialkosten Ist
11	Aufgelaufene Lohnkosten Soll
12	Aufgelaufene Lohnkosten Ist
13	Arbeitsplatzgemeinkosten

Checkliste für Arbeitsgang- und Arbeitsplatzdaten („DV-Leitfaden", VDMA, Frankfurt):

Arbeitsgangdaten

1	Arbeitsgangnummer
2	Zeilennummer
3	Text
4	Lohnart
5	Nummer der Lohngruppe
6	Rüstzeit in Stunden
7	Vorgabezeit in Stunden
8	Schlüssel der Lohngemeinkostengruppe
9	Nummer der Vorgabezeittabelle
10	Lohnkosten in DM
11	Nummer der Maschinengruppe

Arbeitsplatzdaten:

Feld-Nr.	Feldbezeichnung
1	Arbeitsplatznummer
2	Arbeitsplatzbezeichnung
3	Kostenstelle
4	Schichtdauer (normal u. maximal)
5	Kapazität je Schicht (normal u. maximal)
6	Bedienungsfaktor bei Mehrmaschinenbedienung
7	Arbeitsplatzkosten (Maschinenstundensatzrechnung)

Von der Bedeutung her ist in der Produktion die *Fertigungssteuerung* ein naheliegendes Einsatzziel einer EDV-Anwendung. Denn die Aufgaben der Fertigungssteuerung mit der organisatorischen Planung, Steuerung und Überwachung der Fertigung, ist ja so enorm wichtig, daß alles getan werden muß, diese optimal zu gestalten.

Für Mittel- und Kleinbetriebe muß allerdings sehr gründlich überprüft werden, ob und mit welchem Aufwand eine tatsächliche Verbesserung möglich ist.

6.5 Verwaltung

Die Vorteile des EDV-Einsatzes bei der Verwaltung sind ganz offensichtlich: Schon in Kleinbetrieben gibt es auf diesem Gebiet eine große Zahl von Vorfällen, die nach gleichbleibenden Regeln behandelt werden. In der sogenannten „Fußgängermethode" sind es gerade die Routinearbeiten, die nur mit großem Zeitaufwand erledigt werden können und die meist trotz des großen Aufwandes nicht in der Lage sind, für Entscheidungen unternehmerischer Art die Zahlen als Entscheidungsgrundlage ohne time lag, d.h. tagesfertig, zur Verfügung zu stellen.

Es wird hier darauf verzichtet, die vielfältigen Vorteile noch einmal darzustellen; das wurde in anderen Büchern und Broschüren schon zur Genüge getan. Wir beschränken uns darauf, Hinweise für die Stammdaten der Buchhaltung zu geben:

Checkliste für OP-Daten („DV-Leitfaden", VDMA, Frankfurt):

Feld-Nr.	Feldbezeichnung
1	Satzart
2	Kunden-/Lieferanten(Konto-)Nr.
3	Buchungsschlüssel
4	Zahlungsart, Skonto
5	Valuta-Datum
6	Beleg (Rechnungs-)Nr.
7	Beleg (Rechnungs-)Datum
8	Referenz-Nr., Fremdbeleg-Nr., Buchungstext
9	Betrag
10	Mehrwertsteuerschlüssel
11	Gegenkonto
12	Journalseite
13	Mahnziffer
14	geleistete Zahlungsbeträge
15	Anzahl der Zahlungen
16	Ausgleichskennziffer

Checkliste für Debitorenstammsatz („DV-Leitfaden", VDMA, Frankfurt):

Feld-Nr.	Feldbezeichnung
1	Satzart
2	Kunden-(Konto-)Nr.
3	Kundenname
4	Land
5	Postleitzahl
6	Straße
7	Ort
8	Bankverbindung
9	Saldovortrag
10	Datum der letzten Buchung
11	Seitenzahl Kontoauszug
12	Bonitätsschlüssel

13	Mahnkennziffer
14	Zahlungsgewohnheit
15	Summe unerlaubter Abzüge
16	Summe Verzugszinsen

Checkliste für Kreditorenstammsatz („DV-Leitfaden", VDAM, Frankfurt):

1	Satzart
2	Lieferanten-(Konto-)Nr.
3	Lieferantenname
4	Land
5	Postleitzahl
6	Straße
7	Ort
8	Bankverbindung
9	Seitenzahl Kontoauszug
10	Datum letzte Rechnung.
11	Saldovortrag
12	Verkehrszahlen laufendes Jahr für 13 Monate, jeweils Soll und Haben
13	Status
14	Tage, bis wann noch mit höchstem Saldo gezahlt werden kann
15	Höchster Skonto in Prozent (mit einer Dezimalstelle)
16	Tage, bis wann noch mit mittlerem Skonto gezahlt werden kann
17	Mittlerer Skonto in Prozent (mit einer Dezimalstelle)
18	Tage, bis wann noch mit niedrigstem Skonto gezahlt werden kann.
19	Niedrigster Skonto in Prozent (mit einer Dezimalstelle)
20	Tage, ab wann netto gezahlt werden muß
21	Jahresbonus in Prozent (mit einer Dezimalstelle)
22	Abschlußrabatt in Prozent (mit einer Dezimalstelle)
23	Abrunden auf volle DM möglich.

Für die *Finanzbuchhaltung* sind heute auf dem Markt sehr gute und ausgereifte Softwarepakete erhältlich. Bei der Auswahl ist darauf zu achten, daß sich das Softwarepaket den individuellen Gegebenheiten und speziellen Anforderungen des eigenen Betriebes anpassen läßt.

Im Unternehmensbereich Verwaltung ist für das *Personalwesen* auch die Lohn- und Gehaltsrechnung wichtiger Ansatzpunkt für den Einstieg der EDV. Der sogenannte Personalstammsatz bildet Grundlage einer maschinellen Verarbeitung. Stammdaten sind beispielsweise:

- Personal-Nummer
- Vorname
- Nachname
- Geburtsname
- Geburtsdatum
- Geburtsort
- Staatsangehörigkeit
- Postleitzahl des Wohnortes
- Wohnort
- Straße, Haus-Nr.
- Telefonnummer
- Familienstand
- Eintrittsdatum
- Kostenstelle
- Lohnsteuer
- Lohnsteuerfreibetrag
- Kirchensteuer
- Krankenkasse
- Gehalt
- Bankverbindung (Adresse)
- Bankleitzahl
- Kontonummer

7. Programme und Dateien

7.1 Generelle Übersicht

7.1.1 Betriebssysteme

Betriebssysteme sind die zentralen Steuereinheiten der Computer. Jeder Computer hat „sein" Betriebssystem, das mit der Hardware untrennbar verbunden ist. Trotzdem ist ein Betriebssystem keine Hardware. Es wird – zumindest in der MDT – im Gegensatz zu den Anwenderprogrammen, die von Software-Häusern oder vom Anwender selbst erstellt werden können, ausschließlich von den Herstellern zusammen mit der Anlage geliefert.

Das Betriebssystem steuert sämtliche Programme und sämtliche Geräte oder Geräteteile:

+ Das Betriebssystem wird nach Einschalten des Stromes von der Platte in den Kernspeicher geladen.
+ Das Betriebssystem kontrolliert dann alle Funktionen vom Programmaufruf bis zur Datenausgabe auf ordnungsgemäßen Ablauf.
+ Das Betriebssystem steuert die Leseköpfe und ermöglicht das Lesen und Schreiben von Daten und Befehlen.
+ Das Betriebssystem steuert die Arbeit der einzelnen Benutzer, es ermöglicht im Dialogbetrieb den gleichzeitigen Zugriff auf Programme und Dateien von verschiedenen Benutzern.
+ Das Betriebssystem steuert die Verknüpfung von Daten in Datenbanken.
+ Das Betriebssystem überwacht alle Vorgänge und meldet sowohl Bedienungs-, Programm- und Hardware-Fehler. Dabei gibt es sogleich die dem aufgetretenen Fehler entsprechenden Fehlercodes, um die Fehlerbehebung zu ermöglichen.
+ Das Betriebssystem prüft während der Programmierung die eingegebenen Befehle auf richtige Programmiersprache. Befehle mit Fehlern in der Sprache (Syntax) weist es zurück und meldet den Fehler.

Kurz gefaßt könnte man sagen, das Betriebssystem sei das Management eines Computers: Von der Gestaltung des Betriebssystems hängt die Bedienungssicherheit und der Bedienungskomfort für den Benutzer ab. Bei dieser Gegebenheit nimmt es oft wunder, daß noch immer bei der Entscheidung, welcher Computer angeschafft werden soll, die Frage der Prüfung des Betriebssystems so selten im Vordergrund steht. Das mag hauptsächlich daran liegen, daß es kaum möglich ist, als Interessent die einzelnen Betriebssysteme miteinander zu vergleichen. Ihr Wert oder ihre Mängel stellen sich für den Benutzer eigentlich erst im täglichen Gebrauch heraus, genau genommen also erst dann, wenn es bereits zu spät ist. Erst langsam beginnt sich die Möglichkeit abzuzeichnen, einzelne Systeme bei „der Konkurrenz", d.h. bei der eigenen Konkurrenz, bei Firmen, mit denen man innerhalb oder auch außerhalb der eigenen Branche zusammenarbeitet, im realen Einsatz zu vergleichen. (Dabei wird man sich oft wundern, wenn man nur den Versuch macht, wie bereitwillig auch direkte Konkurrenten ihre Erfahrungen mit dem EDV-Einsatz allgemein und mit bestimmten Systemen weitergeben).

Die Betriebssysteme sind von den Herstellern der Hardware wohl immer als 'top secret' eingestuft. Sie sind mehrfach verschlüsselt und können auch von den Mitarbeitern der Hardware-Lieferanten nicht „gelesen", geschweige denn verändert werden. Sie sind durch Kenncodes so mit der entsprechenden Hardware-Konfiguration verbunden, daß sie nicht von Anlage zu Anlage übertragen werden können. Teilweise „erkennen" Betriebssysteme auch zwar kompatible, aber nicht vom ursprünglichen Hersteller gelieferte periphäre Geräte (Drucker, Bildschirme etc.) und verhindern ein Arbeiten mit diesen Geräten.

7.1.2 Dienstprogramme

Bei der MDT werden meist auch die sogenannten Dienstprogramme vom Hersteller der Hardware mitgeliefert, oft liefern aber auch die Software-Häuser, die ganze Systeme organisieren, sehr leicht zu bedienende Dienstprogramme im Paket mit. Wenn man also von einem Software-Haus eine ganze Organisation kauft oder mietet, so sollten unbedingt die dazugehörigen Dienstprogramme eingesetzt werden, weil man dann die Erfahrungen, die das Software-Haus für die speziellen Bedürfnisse seiner Programme schon gemacht hat, mitgeliefert bekommt.

Es sollen hier nur einige typische Dienstprogramme aufgelistet werden:

+ Platteninhaltsverzeichnis drucken
+ Freie Sektoren auf der Platte anzeigen/drucken
+ Datei-Informationen anzeigen/drucken
+ Dateigrößen errechnen
+ Dateien anlegen
+ bestehende Dateien erweitern
+ Dateien löschen
+ Dateien/Programme kopieren
+ Datei-Inhalt von einer Datei in eine andere kopieren
+ versehentlich gelöschte Dateien rekonstruieren
  usw.

Für die Dienstprogramme werden Bedienerhandbücher geliefert, in denen beschrieben wird, wie die Programme arbeiten, welche Kern-Speicherbedarf sie haben (min/opt), welche Eingaben notwendig sind, wann die einzelnen Programme gestartet werden dürfen (z.B. ob das System für andere Benutzer gesperrt werden muß), usw. Einige Hinweise über die Anwendung von Dienstprogrammen finden Sie im Abschnitt „Der EDV-Organisator im Betrieb“ und im Abschnitt „Datensicherheit“ und Datensicherung“.

7.1.3 Anwenderprogramme

Unter diesem Sammelbegriff stellt man alle Programme, die der direkten Nutzung durch den Anwender dienen, ganz gleich, von wem die Programme erstellt wurden. Man unterscheidet hier nur nochmals „Standard-Programme“, „Branchenprogramme“ und „Individualprogramme“. Zu den Standardprogrammen rechnet man alle die Programme, die für alle Unternehmungen zumindest im Prinzip gleich sind. Hier findet man vor allem Buchhaltungsprogramme, Lagerhaltungsprogramme, Statistikprogramme usw. Anpassungen an bestimmte betriebliche Gegebenheiten sind dabei möglich und meist auch im Preis inbegriffen. Die nächsten beiden Begriffe sind durch ihre Bezeichnung schon klar. Bei den Branchenprogrammen findet man hauptsächlich technische Programme für branchenspezifische Kalkulationen, für Produktionsabrechnungen oder auch Steuerungen, aber auch Programme für den Postvertrieb von Zeitungen durch Zeitungsverleger usw. Solche Programme kann man meist nicht kaufen, sondern nur ein Nutzungsrecht erwerben, genauso wie bei den Standardprogrammen. Das bedeutet zwar, daß der Nächste, der es haben will, und sei es Ihr härtester Konkurrent, dieses Programm vom Software-Haus auch bekommt, es bedeutet aber auch, daß solche Programme schon mehrfach implementiert sind und – meist schon seit Jahren – fehlerfrei laufen, kurz gesagt, es bedeutet hohe Sicherheit. Dagegen werden Individualprogramme für einen bestimmten Betrieb geschrieben: Entweder von einem Software-Haus gegen Stundenberechnung oder von einem im Betrieb angestellten Programmierer. Es muß gesagt werden, daß zumindest der Mittel- und Kleinbetrieb auf die Programmiererfahrung der Programmierer in den Software-Häusern nicht verzichten sollte. Die Programmierung auch gerade der Individualsoftware wird von diesen Unternehmen fast ausnahmslos schneller und sicherer (und damit auch im Endeffekt billiger) durchgeführt als von einem eigenen Programmierer. Denn neben der größeren Erfahrung können Software-Häuser auch bei der Erstellung von Individualprogrammen immer wieder auf bestimmte Programmroutinen zurückgreifen, die schon in anderen Programmen Einsatz gefunden haben. Eigene Programmierer lohnen sich in der Regel nur in Großbetrieben, wo täglich Programmierarbeit anfällt.

Public Programme

Dieser Begriff kommt in manchen Systemlösungen vor und er soll deshalb hier kurz erläutert werden – obwohl Sie als EDV-Benutzer damit direkt nichts zu tun haben: Bestimmte Programm-Routinen, z.B. für den Start oder das Ende eines Programmes gehören zu jedem Programm. Um sie aber nicht mit jedem einzelnen Programm in den Arbeitsspeicher laden zu müssen, werden sie nur ein einziges Mal bei Arbeitsbeginn geladen. Von jedem Programm wird dann auf diesen Teil des Arbeitsspeichers zugegriffen, wenn diese Routine benötigt wird. Das hat den Vorteil, daß auf diese Weise mit den Kernspeicherplätzen sparsam umgegangen wird, denn sonst würden ja diese Speicherplätze mehrmals in Anspruch genommen werden.

Bei bestimmten Arbeiten, die aber nur im Rahmen der Dienstprogramme anfallen, muß der Arbeitsspeicher leer sein, d.h. die Public Programme müssen vom EDV-Organisator entfernt werden.

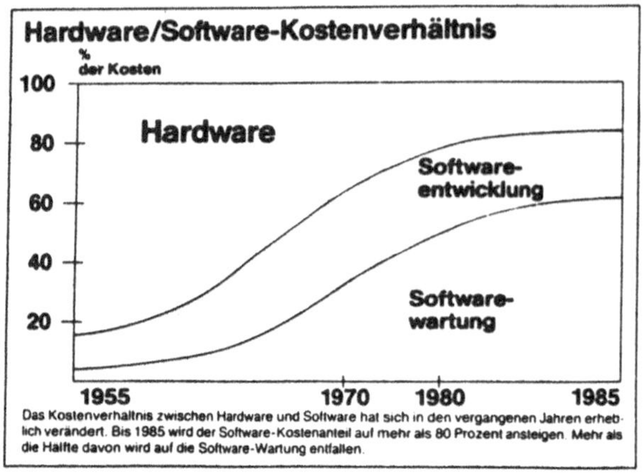

Quelle: Nixdorf Information 1/80

Bild 7.1

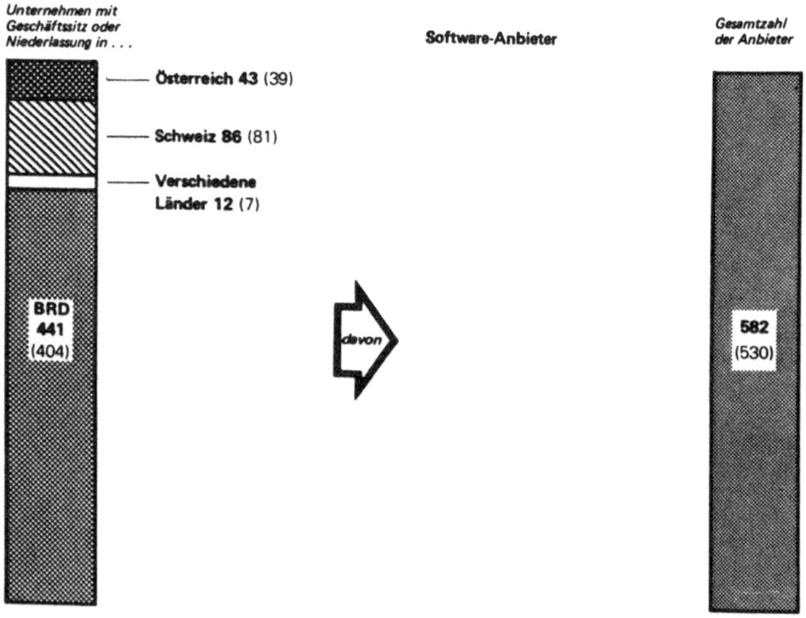

Basis: ISIS Software Report, Ausgabe Januar 1982
Vorjahreszahlen in Klammern

Quelle: Nomina Information Services 1/1982

Bild 7.2

Verteilung des Gesamtangebots *)

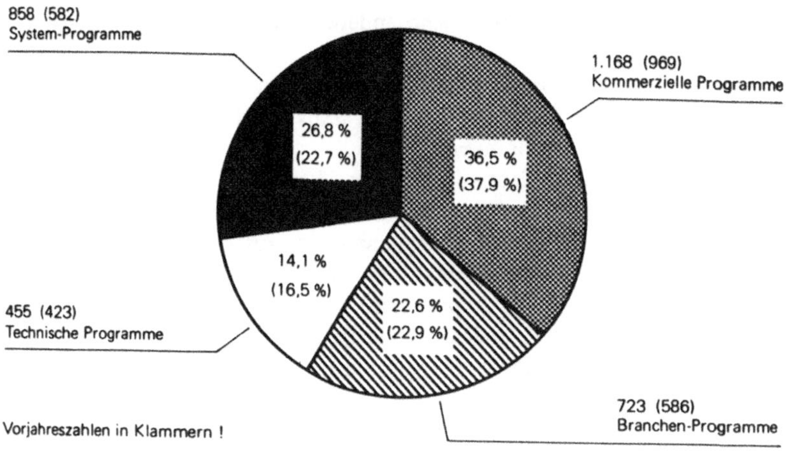

Zuwachsrate: Januar 1981 – Januar 1982: 25,2 %

*) Basis: ISIS Software Report, Ausgabe Januar 1982
3.204 Programmangebote.
Die Zahlen in Klammern geben die entsprechenden Vorjahreszahlen an, basierend auf 2.560 Programmangeboten des ISIS Software Reports, Ausgabe Januar 1981

Innerhalb eines Jahres (Jan. 81 bis Jan. 82) sind 1.223 neue Software-Produkte hinzugekommen, 579 wurden nicht mehr veröffentlicht bzw. nicht mehr angeboten.

Quelle: Nomina Information Services 1/1982

Bild 7.3

7.2 Auswahl der Programme

Wenn eine Systembeschreibung erarbeitet worden ist, kann man daran gehen, zu prüfen welche Programme eingesetzt werden können.

Wie Abb. 7.1 zeigt, sind die Kostenanteile der Software-Entwicklung und der Software-Wartung in den letzten Jahren prozentual gestiegen und werden weiter steigen. Abb. 7.2 und 7.3 zeigen jedoch auch, daß es für fast alle Probleme schon Anbieter und Lösungen gibt. Die Hersteller der EDVA bieten häufig Programmpakete für ganze Systeme an, zumindest aber für Teilsysteme. (Siehe „Anwenderprogramme"). Bei manchen Herstellern hat man praktisch keine andere Wahl, als diese Programme zu übernehmen.

Das bedeutet bei aller Sicherheit, ausgereifte Programmlösungen zu bekommen, trotzdem aber auch, daß man für den eigenen Betrieb eine fremde Organisation übernehmen muß.

Es gibt Arbeitsgebiete, die in allen Branchen so ähnlich sind, daß dringend abgeraten werden muß, Standardprogramme nicht zu verwenden (z.B. sind Buchhaltungsprogramme so ausgereift, daß jede eigene Lösung eigentlich nur schlechter sein kann). Zudem ist es möglich, bei geringem Kostenaufwand Anpassungen in bestimmten Rahmen vorzunehmen. Neben der hohen Sicherheit bieten Standardprogramme auch noch den Vorteil, zu festen Preisen angeboten zu werden.

Natürlich muß man diese Prüfung anhand ausführlicher Programmbeschreibungen vornehmen. Enttäuschungen wird man eigentlich nur dann erleben, wenn man auf pauschale Zusicherungen eingeht – („Unser Programmpaket XY deckt genau alle Ihre Probleme ab") – so geht das nicht!

Da ja nun Computer der menschlichen Sprache nicht mächtig sind, sondern nur in einer Programmiersprache Befehle entgegen nehmen, wird die Auswahl der richtigen Programme noch ein bißchen eingeengt. Wenn Ihr Computer nur BASIC versteht, nützt Ihnen ein wunderschönes COBOL-Programm leider nichts. Verzweifeln Sie nicht: Fragen Sie einfach den Hersteller oder das Software-Haus (das Ihnen der Hersteller empfohlen hat), bei welchen Ihrem Betrieb ähnlichen Firmen die angebotenen Pakete implementiert sind. Scheuen Sie sich nicht, die Geschäftsleitung, den EDV-Organisator dieser Firmen anzurufen und telefonisch zu interviewen, möglichst aber sogar zu besuchen.

Leider gibt es solche Möglichkeiten der Anschauung bei Inidividual-Software kaum. Ein kleiner Hinweis sei allerdings angebracht: Fast niemand arbeitet ***nur*** mit Standard-Software. Fragen Sie deshalb die Ihnen genannten Referenzfirmen auch danach, wie sie mit den für sie erstellten Individual-Programm zufrieden sind. Und noch etwas: Selbst die Individual-Programme setzen sich zu einem großen Teil aus Programm-Routinen zusammen, die sich schon in anderen Programmen vielfach bewährt haben.

Während es bei den Standardprogrammen zweckmäßig ist, die vom Software-Haus erstellte Programmbeschreibung genau zu prüfen, etwaige Unklarheiten, Abweichungswünsche etc. sich schriftlich erläutern zu lassen und mit der eigenen Systembeschreibung *und* den Arbeitsablaufbeschreibungen zu vergleichen, ist es für eine Erstellung von Individual-Software für das Software-Haus unabdingbar, eine minutiös ausgearbeitete Anforderungsliste an das zu erstellende Programm zu bekommen. Nur so ist der Programmierer in der Lage, Arbeitsschritte in Computerbefehle umzu wandeln und den dafür benötigten Zeitaufwand (den Sie ja bezahlen müssen) zu kalkulieren.

Für die Kalkulation – und besonders natürlich für die Einhaltung der Kalkulation – ist es ganz wichtig, daß nachträgliche sachliche Änderungen am besten überhaupt nicht vorkommen. Machen Sie Ihre Wünsche so deutlich, daß es keine nachträglichen Meinungsverschiedenheiten geben kann, wer wen mißverstanden und wer die oft nicht geringen Änderungskosten zu tragen hat.

Man könnte natürlich auch formaljuristisch alles hieb- und stichfest machen.

Die umfangreichen Rechtsprobleme, die zwischen Lieferanten von hard- und soft-ware und dem Computerbenutzer auftreten können beschreibt *Zahrnt*[1]). Für Mittel- und Kleinbetriebe ist dieses umfangreiche Buch kaum geeignet. So, wie man nicht die Bauordnung studiert, wenn man sich ein Einfamilienhaus baut, sondern sich eines Architekten als Berater bedient, wird auch bei dieser Frage für den Benutzer im Zweifelsfall die Beratung durch einen Rechtsanwalt oder EDV-versierten Unternehmensberater der bessere Weg sein.

Grundsätzlich kann man sagen, daß renommierte Software-Häuser sehr verläßliche Partner sind.

Die EDV-Einführung und EDV-Anwendung hat in der Vergangenheit häufig darunter gelitten, daß der EDV-Fachmann, der oft kein Kaufmann, sondern Techniker oder Ingenieur ist, nicht verstand, was die Fachabteilung eigentlich wollte und umgekehrt die Fachabteilung mit dem EDV-Chinesisch nichts anfangen konnte. Man sprach nicht die gleiche Sprache und redete aneinander vorbei. Diese Gefahr besteht auch heute noch. Deshalb ist es besonders wichtig, von vorneherein dafür Sorge zu tragen, sich gegenseitig besser, d.h. in allen Einzelheiten **eindeutig** zu informieren.

---

[1]) *Zahrnt, Ch.*: VOC-Verdingungsordnung für Computerleistungen. EDV und Recht Bd. 11. Teil 1 München 1982, Teil 2 München 1981.

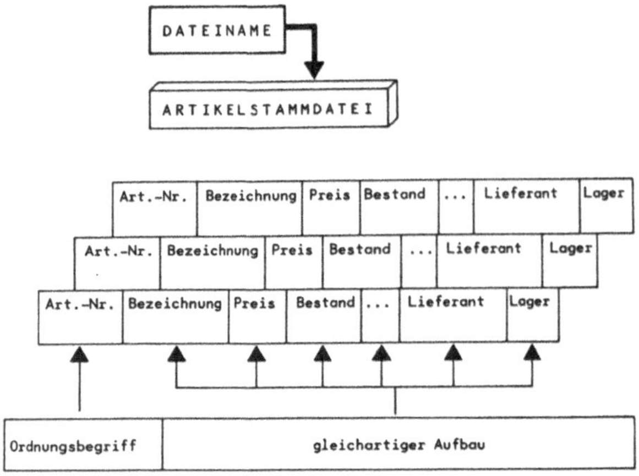

Bild 7.4

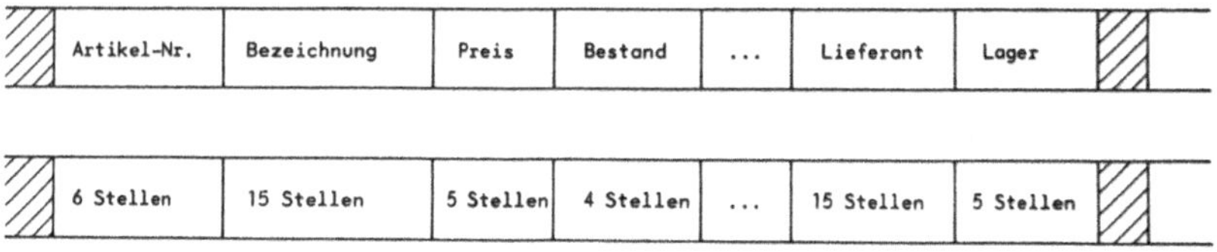

Bild 7.5

7.3 Aufbau von Dateien

Der Schlüsselaufbau hat nicht nur den Sinn, eine bestimmte Sache eindeutig zu bezeichnen, sondern er dient auch als Suchbegriff für die EDVA, wie das schon im Abschnitt „Match-Code“ deutlich geworden ist.

Jede Datei besteht aus mehreren gleich- oder verschiedenartig aufgebauten Datensätzen, die logisch zusammengehören. (Vgl. Abb. 7.4) Die Dateien erhalten einen Namen. (Es ist zweckmäßig Dateibezeichnungen zentral zu vergeben. Gleiche Namen für verschiedene Dateien werden vom Betriebssystem erkannt und zurückgewiesen. Die Namensgebung erfolgt durch den EDV-Fachmann).

Als Datensätze bezeichnet man sachliche und logische Einheiten von Daten, die unter einem Ordnungsbegriff zusammengefaßt sind. Mehrere Datenfelder bilden einen Satz. Bild 7.5 zeigt z.B. einen Artikelstammsatz.

Die Datensätze enthalten Ordnungsbegriffe zu ihrer Indentifizierung; diese Ordnungsbegriffe werden ggf. auch zum Sortieren verwendet. Eindimensionale Auskunftsbereitschaft bedeutet, daß jeder Satz nur ein aussagefähiges Ordnungskriterium enthält, z.B. die Artikelnummer. Mehrdimensionale Auskunftsbereitschaft bedeutet, daß sich in jedem Satz mehrere Ordnungskriterien befinden, z.B. K = Kundennummer, P = Postleitzahl (s. Satzaufbau Abb. 7.6).

In der Regel ist das Ordnungskriterium auch der Sortierbegriff. Der Sortierbegriff kann durch Zusammenlegen mehrerer Ordnungsbegriffe eines Satzes erweitert werden.

Man muß sich als Sachbearbeiter deshalb im vorhinein selbst klar machen, welche Begriffe als Ordnungskriterien ausgewählt werden können, um die wünschenswerten Sortierungen zu ermöglichen.

Die Sätze werden gebildet, indem der Inhalt mit den verarbeitungstechnischen Bedingungen der Programme abgestimmt wird. Diese Arbeit wird vom Programmierer erledigt. Es empfiehlt sich jedoch, diesen Vorgang zu dokumentieren, um bei späteren Umstellungen, Änderungen oder Ergänzungen die Strukturen nicht neu erarbeiten zu müssen. Zweckmäßig ist die Verwendung eines Formulars, das gleichzeitig alle notwendigen Angaben über die Datei an sich enthält und den Satzaufbau genau beschreibt (Bild 7.6).

So ergibt sich die Stellenzahl, die je Satz benötigt wird. Zusammen mit den Angaben über den Inhalt der einzelnen Felder kann dann der Speicherplatz für die gesamte Datei anhand der maximal möglichen Sätze errechnet werden. Dabei ist es von Bedeutung, welche Zeichen je Feld verwendet werden dürfen:

numerischer Inhalt: Es sind nur die Ziffern 0 – 9,

ggf. das Minuszeichen und der Dezimalpunkt erlaubt

alphanumerischer Inhalt: Die Informationen in den Feldern

können bestehen
* nur aus Buchstaben
* aus Ziffern
* aus Sonderzeichen z.B. $ usw.
* aus beliebigen Kombinationen dieser Zeichen

DATEIAUFBAU

SYSTEM	PROGRAMMIERER			STAND	DATEINAME
FAKTURA	Lehmann			27.5.82	01FKON
Dateiart: ☐ IND	Schlüsselgröße	Anzahl	Satzlänge	Platten - Nr.	Anfangssektor
☒ Stamm ☒ DIR / ☐ Arbeits ☐ SRT	5		110	0	3150
Dateibeschreibung	Konten - Stamm - Datei				
Verwendet in Programme(en):	Auftragserfassung, Rechnungsdruck, Versandadressen-Druck	Maschinell buchen		Mahnen	

SATZAUFBAU

Feld- Nr.	Feld- Name	Unterstrangposition	Bezeichnung	Feld- Länge	Feld- Art	Bemerkungen
1	K		Kunden - Nr	5	n	Key
2	A1$	(1, 15)	NAME	15	a	
3	A1$	(16, 9)	VORNAME	9	a	
4	P		Postleitzahl	4	n	
5	A2$	(1, 15)	Ort	15	a	Sort-Merkmal
6	A2$	(16, 10)	Straße	10	a	
⋮			⋮			
X	A5$	(1, 2)	Branchenschlüssel	2	n	Sort-Merkmal
X+1	A5$	(3, 1)	Umsatzschlüssel	1	n	Sort-Merkmal

Bild 7.6

Anmerkung: Feldname und Unterstrangsposition entsprechen der Programmiersprache BUSINESS BASIC

7.3.1 Festlegung der Stellenzahl

Bei der Festlegung der Stellenzahlen für die einzelnen Stammsätze werden immer wieder Entscheidungen getroffen, die zu teilweise beachtlichen Folgekosten führen. Grundsätzlich ist das Bestreben richtig, Speicherplatz zu sparen. Folgende Überlegung liegt zu Grunde:

Der Aufbau einer Datei entspricht dem einer Kartei mit vorgedruckten Schreibfeldern. Jedes Feld nimmt nur einen Buchstaben bzw. ein Zeichen auf. Der Vordruck muß also so gestaltet sein, daß die längsten überhaupt vorkommenden Ziffern- oder Buchstabenfolgen (Wörter) aufgenommen werden können. Dabei wird aber Platz immer dann „verschenkt", wenn so viele Stellen wie vorgesehen bei den meisten Eintragungen gar nicht benötigt werden. Man ist deswegen geneigt, nur die jeweils *durchschnittlich* benötigte Stellenzahl vorzusehen. Das geht aber in der Regel im praktischen Einsatz ziemlich schnell schief.
Folge: Es müssen nicht nur die Dateien erweitert werden, sondern auch alle Programme, die die Daten dieser Dateien verarbeiten geändert werden. Denn im Programm ist ja festgelegt, auf welche Stellen einer Datei zugegriffen wird.

Die Festlegung der Stellenzahl kann also nur durch den Sachbearbeiter erfolgen. Es empfiehlt sich, nach etwa folgendem Schema vorzugehen:

*Man stellt fest, wieviele Stellen eine „normale" Eingabe benötigt. (Beachten Sie den Ausdruck „normal", damit ist keine „durchschnittliche" Eingabe gemeint!)
*Man stellt fest, wieviele Stellen die größtmöglichen Eingaben benötigen.
**Ist es überhaupt möglich, diese Eingaben zu kürzen (Zahlen, Ziffernfolgen, Schlüssel, Maße und Gewichte etc. können nicht gekürzt werden)
**Welche Kürzungen sind möglich, ohne die Verständlichkeit bzw. Eindeutigkeit zu beeinträchtigen (Versuchen Sie diese Kürzungen nicht etwa nur bei einer großen Eingabe, sondern bei mehreren!)
**Ist es möglich, immer wieder vorkommende Bezeichnungen (z.B. Länder für die Adreßdatei) o.ä. in einer besonderen Tabelle einmal zu speichern und bei den einzelnen Datensätzen nur den entsprechenden Schlüssel einzugeben?

* Müssen durch externe Einflüsse in absehbarer Zeit (ca. 5 Jahre) größere Stellenzahlen erwartet werden? – Dies betrifft vor allem die Angabe von Preisen: Reicht bei gleichbleibender Preissteigerungsrate die jetzige Stellenzahl noch aus? Muß evtl. in ausländischer Währung bestellt oder fakturiert werden?

Grundsätzlich können EDV-Spezialisten Hilfestellung geben: Sie wissen natürlich aus Erfahrung, wieviele Stellen für die Stammdatei eines Kontokorrentkontos, einer deutschen Privatadresse, einer ausländischen Privatadresse etc. benötigt werden. Für die betriebsspezifischen Angaben ist eine solche Hilfestellung natürlich kaum möglich, sondern es können allenfalls Hinweise gegeben werden. Einer dieser Hinweise sollte sein, daß auf der Magnetplatte immer nur bestimmte Plätze vergeben werden können. Diese Plätze nennt man Sektoren. Jeder Sektor hat 1024 Byte. In vielen Fällen wird es sich lohnen, sich zu überlegen, ob es nicht sinnvoll sei, diesen Platz auch wirklich auszunützen, um für seltener vorkommende Fälle genügend Stellen zu haben.

basic insoft systeme		
30. 11. 82	Platzbedarfs-Ermittlung	Seite 7

Sachgebiet: Standard Lohn-/Gehaltsabrechn.

a) Protokoll Mengengeruest

Mengengeruest

Anzahl Arbeitnehmer	= 120
Anzahl Eintritte im Jahr	= 5
Anzahl Tarifeinzelpositionen (nur bei Verwendung der Tarif-zuordnung)	= 10
Anzahl Krankenkassen	= 8
Anzahl Lohnarten (Grundbezuege, Zeitzuschlaege, VL usw.)	= 100
Anzahl von Be-/Abzugsarten je Arbeit-nehmer im Durchschnitt (ohne gesetzliche Abzuege)	= 8
Anzahl Abrechnungsbereiche (=Trennung Zweigbetriebe und/oder Lohn/Gehalt usw.)	= 2
Anzahl der Be-/Abzugsarten, fuer die ein LOHNNACHWEIS gefuehrt werden soll	= 30
Anzahl der von der automatischen Lohn-uebernahme in die Finanzbuchhal-tung beruehrten Sachkonten	= 15
Anzahl der von Lohn/Gehalt beruehrten Stammkostenstellen	= 40
Anzahl Angestellte, deren Bezuege auf mehr als 1 Kostenstelle prozen-tual verteilt wird	= 30
Anzahl Verteilungspositionen je Angest. maximal	= 3

nur bei Stellenplan-Verwaltung:

Anzahl Planstellen	= 0

Sicherheits-Zuschlag	10 %
Wachstums-Zuschlag	20 %

Bild. 7.7

basic insoft systeme

30. 11. 82	Platzbedarfs-Ermittlung	Seite 8

Sachgebiet: Standard Lohn-/Gehaltsabrechn.

b) Platzbedarfs-Ermittlung

D A T E I	Anzahl Saetze	Anzahl Sektoren	Bedarf in Mio. Bytes
LOHNARTEN	120	19	19 456
BE-/ABZ.-HILFSDATEI	125	44	45 056
BE-/ABZUGSDATEI	1375	116	118 784
BEITRAGSNACHWEISUNG	240	5	5 120
BRUTTO-BELEGE-DATEI	1	3	3 072
MATCHCODE PERS. STAMM	125	4	4 096
LOHNKONTO	1625	638	653 312
PARAMETER-DATEI	20	5	5 120
PARAMETER-DATEI	270	78	79 872
PERSONALSTAMM	125	63	64 512
ARBEITSDATEI 0	300	18	18 432
ARBEITSDATEI 1	3600	192	196 608
ARBEITSDATEI 2	15	3	3 072
ARBEITSDATEI 3	5800	416	425 984
ARBEITSDATEI 4	125	9	9 216
IST-STELLENPLAN	430	26	26 624
SOLL-STELLENPLAN	1	3	3 072
TARIFE AKTUELL	10	3	3 072
TARIFE NEU	10	3	3 072
TERMINE	240	32	32 768
UEBERWEISUNGS-SORT	360	25	25 600
VL-VERTRAEGE	240	40	40 960
VORSCHALT-SORT	120	5	5 120
**** Nettobedarf			1 792 000
Sicherheits-Zuschlag	10 %		179 200
Wachstums-Zuschlag	20 %		394 240
**** Bruttobedarf			2 365 440

Bild 7.7 (Fortsetzung)

basic insoft systeme		
30. 11. 82	Platzbedarfs-Ermittlung	Seite 9

Sachgebiet: Kostenrechnung

a) Protokoll Mengengeruest

I. Stammbereiche

Anzahl Kostenstellen	= 50
Anzahl Kostenarten	= 80
Anzahl Kostenvorgaben	= 140
Anzahl BAB-Rahmen	= 1
max. Anzahl BAB-Positionen je BAB-Rahmen	= 150

II. Bewegungsdaten

durschn. Anzahl Kostenarten je Kostenstelle	= 2
Anzahl Abgrenzungsbuchungen im Jahr	= 10
Anzahl Umverteilungspositionen	= 1200
Anzahl Kostenbuchungen (incl. 1 Buchung je Umverteilungsposition)	= 500
Ausgabe der Leistungswerte auf BAB 0 = nein, 1 = ja	= 1
Anzahl Jahre, fuer die Leistungswerte im Zugriff bleiben sollen	= 2

Sicherheits-Zuschlag	10 %
Wachstums-Zuschlag	20 %

Bild 7.7 (Fortsetzung)

basic insoft systeme

30. 11. 82	Platzbedarfs-Ermittlung	Seite 10

Sachgebiet: Kostenrechnung

b) Platzbedarfs-Ermittlung

D A T E I	Anzahl Saetze	Anzahl Sektoren	Bedarf in Mio. Bytes
ABGRENZUNGEN	10	4	4 096
ABRECHNUNGSBEREICHE	100	3	3 072
BAB-ARBEITSDATEI	600	63	64 512
BAB-RAHMEN	150	20	20 480
LEISTUNGSWERTE	1200	174	178 176
KOSTENARTENSALDEN	100	3	3 072
KOSTENARTENTEXTE	80	8	8 192
BUCHUNGSDATEI	500	83	84 992
KOSTENSTELLENSALDEN	100	14	14 336
KOSTENSTELLENDATEI	50	7	7 168
VERTEILUNGSSCHLUESS.	1200	73	74 752
VS-PARAMETER	20	10	10 240
SCHNITTSTELLE	300	43	44 032
VORJAHRESDATEI	100	35	35 840
VORGABENDATEI	100	33	33 792
**** Nettobedarf			586 752
Sicherheits-Zuschlag	10 %		58 675
Wachstums-Zuschlag	20 %		129 085
**** Bruttobedarf			774 512

Bild 7.7 (Fortsetzung)

7.3.2 Checkliste für den Aufbau und Inhalt der Dateien

* Was ist der Inhalt der Datei
* Welche Daten sind bereits vorhanden
* Welche Daten müssen noch beschafft werden
** Wer ist für die Beschaffung verantwortlich
** Termin
* Sind alle notwendigen Schlüssel festgelegt
* Werden besondere Aufnahmebelege benötigt
** Wenn ja: sind Aufnahmebelege entworfen
*** gedruckt?
** Wer kontrolliert Aufnahmebelege
** Wann ist die Aufnahme beendet
* Wieviele Datensätze wird diese Datei umfassen
* Ab wann kann mit der Eingabe begonnen werden
* Wann stehen die Eingabeprogramme zur Verfügung
** Wieviele Mitarbeiter können für die Eingabe eingesetzt werden
** Wieviele Erfassungsgeräte stehen zur Verfügung
** Wieviele Eingaben können unter diesen Umständen pro Zeiteinheit durchgeführt werden
* Wann kann die Ersterfassung abgeschlossen sein
** Wie werden die Eingaben überprüft
** Wer übernimmt die Überprüfung
** Wer gibt notwendige Änderungen ein
* Wann wird die Datei fertiggestellt sein
* Dateipflege nach Ersterstellung
** Änderungsdienst
*** Änderungsintervalle
*** Dokumentation von Änderungen
*** Kontrolle der Änderungen
** Aussondern nicht mehr benötigter Datensätze
*** Entscheidungsbefugnis
*** Dokumentation von Löschungen
**** Zwangsausdruck von Löschungen über Löschdatei
**** Belegdokumentation

Spooling-Dateien

Spooling-Dateien sind nichts anderes als Hilfsdateien. Der Ausdruck kommt – wie immer in der EDV-Fachsprache – aus dem Englischen (to spool – aufwickeln). Die Spool-Datei wird eingesetzt, um Drucker frei zu halten bzw. um Arbeiten, die einen Drucker benötigen, auch dann durchführen zu können, wenn gerade kein Drucker frei ist.

Die Problemstellung ist an einem Beispiel leicht zu verdeutlichen: Aus einer großen Menge von Adressen in einer Datei sollen die ausgewählt werden, die mindestens eines von drei bestimmten Merkmalen (z.B. Interessengebieten) haben. Da eine große Zahl von solchen Adressen gespeichert ist, sollen die Anschriften nach Postleitgebieten geordnet ausgedruckt werden, um das billigere Porto für Massendrucksachen ausnutzen zu können.

Die Adressen sind ungeordnet in der Datei, jede hat einen Schlüssel als „Standort-Nummer" von 1 bis K. Der Computer muß also bei jeder gespeicherten Adresse (mehrfach) „nachschauen", ob diese Adresse die Merkmale aufweist und ob sie nach der Reihenfolge der Postleitgebiete „dran" ist. Das ergibt folgenden Ablauf (siehe Bild 7.8).

(An diesem Ablauf sieht man wieder sehr schön, daß Computer nicht „denken", sondern nur schnelle „Sturköpfe" sind! Man muß sich einmal wirklich eine solche ungeordnete Datei vorstellen, um zu ermessen, daß diese Arbeit für Menschen unmöglich in annehmbarer Zeit zu erledigen ist.) Selbst bei der hohen Geschwindigkeit der EDV-Anlagen – Zugriffszeiten werden in Nano-Sekunden gemessen (1 Nano-Sekunde = 10^{-9} sek) – wurde wegen der Vielzahl der notwendigen Prüfungen bei großen Adreß-Mengen schnell viele Stunden, für solche Läufe zusammenkommen. Es gibt einige programmiertechnische Tricks diese Zeiten wesentlich zu verkürzen, aber immer noch dauern solche Läufe sehr lange. Würde man die Selektion direkt auf den Drucker gehen lassen, so wäre der sehr lange belegt und für andere Arbeiten gesperrt.

Man schreibt deswegen die ausgewählten und sortierten Adreßsätze in eine Spooling-Datei. Das Besondere an dieser Datei ist, daß sie

1. die Druckbefehle (neue Zeile usw.) mit aufnimmt
2. Sätze von völlig unterschiedlichen Längen aufnehmen kann.

Der Ausdruck der Spooling-Datei erfolgt dann ohne Unterbrechung, beschränkt sich also auf die reine Druckzeit für die ausgewählten Adressen.

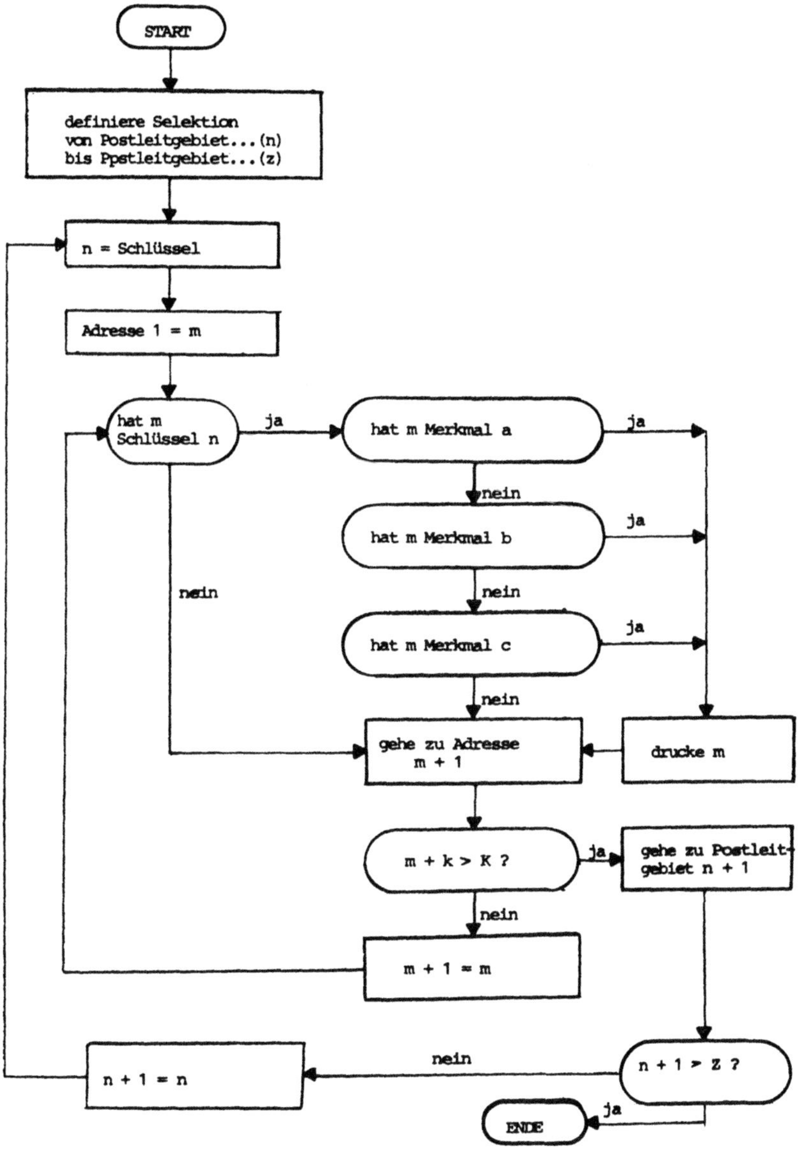
START
definiere Selektion
von Postleitgebiet...(n)
bis Ppstleitgebiet...(z)
n = Schlüssel
Adresse 1 = m
hat m
Schlüssel n
ja
hat m Merkmal a
ja
nein
hat m Merkmal b
ja
nein
nein
hat m Merkmal c
ja
nein
gehe zu Adresse
m + 1
drucke m
m + k > K ?
ja
gehe zu Postleit-
gebiet n + 1
nein
m + 1 = m
nein
n + 1 = n
n + 1 > Z ?
ja
ENDE

Bild 7.8

Natürlich kann der Ausdruck erst dann gestartet werden, wenn ein Drukker frei ist.

Background-Run (Ghost Task)

Es gibt eine Möglichkeit, solche langen Sortierarbeiten ablaufen zu lassen, ohne daß ein Bildschirm für die Dauer der Arbeit belegt wird. Meist wird eine solche Einrichtung als Ghost-Task bezeichnet. Das Programm wird dabei vom Bildschirm aufgerufen und gestartet, läuft aber dann im „Hintergrund" allein, am Bildschirm können andere Arbeiten erledigt werden. *Das geht natürlich nur, wenn genügend Kernspeicher zur Verfügung steht,* denn auch wenn das Programm im Background-Run läuft, wird der entsprechende Platz im Arbeitsspeicher benötigt. Da aber andererseits die einzelnen Programme unterschiedlich viel Arbeitsspeicher beanspruchen, steht der entsprechende Kernspeicherplatz bei den meisten Anlagen zumindest zeitweise zur Verfügung. Wenn also das Betriebssystem solche Möglichkeiten zuläßt, sollte man nicht darauf verzichten, sich alle Programme „Ghost-Task-fähig" schreiben zu lassen, bei denen das, ggf. auch nur im Ausnahmefall, sinnvoll sein kann.

Speicherorganisation

Bei jeder EDV-Anlage sind bestimmte Speicherstellen vom Hersteller für das Betriebssystem vergeben. Darüber hinaus ist der Anwender für die Organisation selbst verantwortlich.

Bei sehr großen Systemen z.B. mit mehreren Plattenlaufwerken und anderen Speichern ergeben sich für den Aufbau von Datenbanksystemen außerordentlich komplexe Probleme, die nur mit viel Aufwand und nur von Spezialisten gelöst werden können. Hierauf wollen wir nicht weiter eingehen.

Dagegen ist die Speicherorganisation bei der Mittleren-Daten-Technik relativ einfach zu lösen. Am einfachsten bei Anlagen mit *einer* Festplatte: Da die Zugriffszeiten sehr kurz sind, kommt jede Datei, jedes Programm dorthin, wo gerade auf der Platte Platz ist. Das kann so weit führen, daß zusammengehörige Unterprogramme auf der Platte weit auseinanderstehen.

Das geht dann nicht, wenn man mit größeren oder kleineren Anlagen arbeitet: Bei größeren Anlagen mit dem System der Fest-/Wechselplatte befinden sich immer nur bestimmte Bereiche im Zugriff. Ähnlich bei Minicomputern; hier sind bestimmte Dateien auf Disketten gespeichert.

In beiden Fällen müssen sich die Sachbearbeiter zusammen mit den Programmierern ein System entwickeln, das es ermöglicht, reibungslos zu arbeiten. Je nach Art und Organisation des Betriebes werden ganz unterschiedliche Anforderungen an die Organisation zu stellen sein. Es ist dann auch wieder ein Betätigungsfeld für den Datenbeauftragten, der dafür sorgen muß, daß die zeitliche Komponente dieses zu entwickelnden Systems auch realisiert wird.

Bei der Speicherorganisation sind die Aufzeichnungen über den Datei-Aufbau (Bild 7.6) eine wertvolle Hilfe, da hier angegeben ist, von welchen Programmen aus auf diese Datei zugegriffen wird. Dabei zeigt sich schon in dem hier gewählten Beispiel, daß viele Dateien für mehrere Bereiche benötigt werden; der vorliegende Fall zeigt, daß die Kontenstammdatei sowohl im Bereich „Buchhaltung" als auch im Bereich „Vertrieb" benötigt wird. Das ist sicherlich von vornherein klar. Aber während bei der konventionellen Methode die Kundendaten an zwei verschiedenen Stellen, nämlich einmal auf dem „Kundenkonto" in der Buchhaltung, einmal auf der „Kundenkarteikarte" bei dem Sachbearbeiter im Vertrieb erfaßt wurden, ist es ja gerade ein Grundprinzip der Dialogverarbeitung, alle Daten nur einmal zu speichern. Hier helfen dann wieder die Aufzeichnungen über die Betriebsabläufe (vgl. Bild 3.3 u. 3.5) einen Überblick über die gegenseitige Abhängigkeit (Interdependenz) der Arbeiten in den einzelnen Abteilungen zu gewinnen.

7.4 Erfassung von Stammdaten

Wenn festgestellt ist, welche Stammsätze überhaupt vorhanden sind, muß geklärt werden, wie die Eingabe erfolgen soll.

Wenn möglich sollten für die Ersterfassung der Stammdaten die bisherigen Belege (Karteikarten o.ä.) verwendet werden. Die Übertragung der Daten auf sogenannte Erfassungsbelege beschleunigt zwar die Arbeit am Bildschirm, verdoppelt aber die Fehleranfälligkeit und die Kontrollarbeit.

Auf alle Fälle muß die Eingabe-Kontrolle vor Beginn der Stammdaten-Eingabe organisiert werden:

1. Wer gibt ein
2. Wer kontrolliert auf Richtigkeit
3. Wie wird die Kontrolle dokumentiert.

Folgendes Vorgehen scheint eine ziemlich fehlerfreie Lösung sicherzustellen

1. Schritt: Vom Sachbearbeiter werden die Stammdaten in eine Stammdaten-Hilfsdatei eingegeben

2. Schritt: Die Stammdaten-Hilfsdatei wird ausgedruckt und (von wem?) mit den Eingabebelegen verglichen. (Um sicher zu stellen, daß ohne Kontrolle keine Stammdaten in die Verarbeitung kommen, werden die Hilfsdateien so angelegt, daß mit den Verarbeitungsprogrammen auf diese Dateien nicht zugegriffen werden kann.)

3. Schritt: Die Hilfsdateien werden in die endgültige Stammdatei überspielt (von wem?) und damit zur EDV-Bearbeitung freigegeben. Abschließend wird die Hilfsdatei gelöscht (von wem?).

Für die Ersterfassung sollten keine besonderen Programme geschrieben, sondern die normalen Stammdatenverwaltungsprogramme verwendet werden (Zugänge, Änderungen, Löschungen). Dabei kann man bestimmte Felder nicht in den allgemeinen Änderungsdienst nehmen bzw. nach der Erstanlage nicht dort belassen. Z.B. kann die Eingabe aller Stammdaten für die Kontokorrentbuchhaltung durch einen Datentypisten erfolgen, auch wenn später nur der Abteilungsleiter der Buchhaltung berechtigt sein soll, Kreditobergrenzen, Zahlungsziele etc. in den Kontenstamm einzugeben. Die Ersteingabe wird ja in jedem Fall ausgedruckt und mit den Eingabebelegen verglichen. Danach werden die Fehler, für die nur der Buchhaltungsleiter änderungsberechtigt sein soll, für die normalen Änderungsroutinen gesperrt.

7.5 Erfassen von Bewegungsdaten

Im Betriebsgeschehen fallen die meisten Daten nicht so an, wie sie für die Eingabe in die EDVA benötigt werden. Das beginnt damit, daß Kunden eigene Auftragsformulare verwenden, auf denen vielleicht nicht alle Angaben stehen, die man selbst benötigt. Oft fehlen Kunden-Nummern, Artikel-Nummern, Rechnungs-Nummern usw. Man spricht davon, daß die Daten für die Dateneingabe (am Bildschirm) erst aufbereitet werden müssen. Es hängt nun ganz von der Art und der Menge der Eingangsbelege ab, ob man die fehlenden Angaben nur ergänzt oder ob man eigene Erfassungsbelege erstellt.

Grundsätzlich ändert sich das Bearbeiten der eingehenden Belege durch die EDV nicht, höchstens daß man wegen der elektronischen Verarbeitung einige Schlüssel mehr verwendet als vorher.

Um eine möglichst fehlerfreie und reibungslose Erfassung zu gewährleisten, sollte in einer Organisationsanweisung festgelegt werden, wie für die einzelnen Arbeitsplätze vorgegangen werden soll

+ Prüfung der Eingangsbelege
++ welche Angaben müssen vorhanden sein
++ wer ergänzt die fehlenden Angaben
+++ vor der EDV-Bearbeitung (z.B. Artikel-Nummern)
+++ während der EDV-Bearbeitung (z.B. Kontennummern über Match-Code)
+ kann durch Druck eigener Formulare (ggf. mit Weitergabe dieser Formulare an Geschäftspartner) die Bearbeitung vereinfacht werden. (Meist sind z.B. Privatpersonen bereit, gelieferte Bestellformulare zu benutzen, während die Einkaufsabteilungen von Firmen lieber eigene Bestellformulare verwenden)
++ bei allen Entwürfen von eigenen Formularen darauf achten:
  * zu erfassende und nicht zu erfassende Informationen räumlich trennen
  * zu erfassende Informationen drucktechnisch hervorheben (Umrandung, Rasterfeld)
  * gleiche Anordnung auf Beleg und Bildschirm-Maske
  * Belege vereinheitlichen, Ordnungsbegriffe auch bei unterschiedlichen Belegen immer an die gleiche Stelle bringen, wenn möglich Mehrfachbelege oder Einheitsbelege verwenden.
  * auszufüllende Felder groß genug für handschriftlichen Eintrag gestalten.

So weit wie möglich soll das Programm so aufgebaut werden, daß Fehler durch eingebaute Eingabekontrollen sofort erkannt werden.

– Kontrolle auf Vollständigkeit
Hier wird eine formale Kontrolle durchgeführt, daß keine für die weiteren Bearbeitungen notwendigen Angaben „vergessen" werden. Wird eine Angabe nicht gemacht, so wird der ganze Eingabe-Satz nicht angenommen (meist springt einfach der Leuchtzeiger (curser) zu dem betreffenden Feld zurück)

– Plausibilitätskontrolle
Bei diesem Verfahren wird eine Prüfung vorgenommen, ob die Eingaben nicht bestimmte Bedingungen verletzten, z.B. müssen Monatsangaben < 13 sein. Es kann die Prüfung auch über mehrere Felder erfolgen z.B. Jugendliche dürfen keine Überstunden leisten. Ist also bei einem Jugendlichen die Überstundenzahl > 0, so ist die Plausibilität verletzt. (Jugendlich ist der Mitarbeiter, dessen Geburtsdatum größer ist als das heutige Datum minus 18 Jahre). Ein weiteres Beispiel ist, daß einem Kunden, der dem Bankeinzugsverfahren zugestimmt hat, weder mit Nachnahme geliefert noch eine Vorausrechnung ausgestellt werden darf.
Eine Plausibilitätskontrolle gibt natürlich noch keine Garantie, daß die Eingabe richtigt ist. Wird der Monat Mai (5) statt Juni (6) eingegeben, so ist das Plausibilitätskriterium nicht verletzt, die Eingabe trotzdem falsch.

– Abstimmkreise
Das wohl wirkungsvollste Verfahren, Fehler aufzudecken. Die Abstimmung erfolgt über Kontrollsummen, die miteinander verglichen werden. Z.B. muß auf einem Fibu-Konto die Saldo-Differenz aus Jahresverkehrszahlen alt und neu gleich der Summe der Bewegungen sein.
Abstimmkreise werden auch mit von außen kommenden Daten gebildet: Wenn man die Zahlungsein- und -ausgänge eines Tages auf die verschiedenen Konten gebucht hat, so muß der von der Bank gemeldete Kontostand mit dem Saldo des Kontos in der Buchhaltung übereinstimmen. Diese Kontrolle ist jedem Buchhalter geläufig. Man hat zwar die Garantie, daß die richtigen Zahlen verbucht wurden, es ist aber möglich, daß eine Zahlung einem falschen Konto belastet oder gutgeschrieben wurde.

Wenn es auch keine Methode gibt, menschliche Fehler durch Kontrollen völlig auszuschließen, so sollte doch jede Möglichkeit genutzt werden, durch automatische Kontrollen, die in die Programme eingebaut werden, die Fehlerhäufigkeit so niedrig wie möglich zu halten.

Der Sachbearbeiter muß sich deshalb von vornherein anhand der ihm ja bestens bekannten Vorfälle überlegen, welche Kontrollmöglichkeiten es überhaupt gibt. Erst dann kann man entscheiden, ob und welche automatischen Kontrollen eingebaut werden.

8. Datenausgabe

8.1 Datenausgabe am Drucker

Grundlage für den Entwurf bildet das Formularentwurfsblatt mit seiner genauen Spalten- und Zeilengliederung (Bild 8.1) sowie die dazugehörige Ausgabeerläuterung (Bild 8.2). Dem Programmierer wird die Möglichkeit gegeben, die genaue Positionierung der Ausgabewerte abzulesen und genau zu bestimmen, wann z.B. Blattwechsel zu erfolgen hat.

Die Abteilung, die Auswertungen wünscht, kann ohne große Mühe die Anordnung festlegen.

Änderungswünsche sind ohne großen Aufwand durchführbar.

Hinweise für den Formular- und Listenaufbau

- Abstimmen auf tatsächliches Informationsbedürfnis.
- Auf einem Minimum von Papier optimale Aussagefähigkeit.
- Vollständige Listen für Journale, Nachschlagewerke (Artikelverzeichnis, Kundenlisten usw.).
- Datengruppierungen nach Empfängerbedürfnissen (gezielte Information).
- Schlüssel möglichst in Klartext umsetzen (ggf. Fußleiste mit Erklärungen).
- Druckstellen zur Längenmarkierung nicht nur ankreuzen, sondern auch echte Daten verwenden.
- Seiten-Numerierung per Programm.
- Vorgedruckte Formulare möglichst vermeiden (Beschaffungskosten, Lagerkosten, Rüstzeit).
- An Heftrand denken.
- Möglichst einheitliches Format des Papiers (Abheftung!).
- Möglichst gleicher Anfang der Kopfzeilen auf den unterschiedlichen Formularen.
  (häufigen Wechsel des Vorschubes vermeiden, obwohl Vorschub vom aufgerufenen Programm gesteuert wird).
- Listen- (Auswertungs-) Nummer möglichst der Programmbezeichnung gleichsetzen und im Kopf mit ausdrucken.

- Summen im Text oder * kennzeichnen und möglichst auf das gleiche Blatt wie dazugehörige Einzelzeilen.
- Anzahl Kopien und Verteiler festlegen.
- Bring- oder Holsystem (Empfangsberechtigung?)
- Periodischer Anfall oder bei Bedarf?
- Druckkapazität beachten (Zeit!)
- Sonderzeichen notwendig? (evtl. Ersatzzeichen?).

Für alle Planung der Datenausgabe am Drucker kann man grundsätzlich zwei Arten von Ausdrucken unterscheiden: Innerbetriebliche Belege und Belege die nach außen gehen.

8.1.1 Innerbetriebliche Belege

Zu den innerbetrieblichen Belegen gehören vor allen Dingen Ausdruck von

Konten und Journalen
Stücklisten
Kostenrechnungen
Statistiken
Bestandslisten
usw.

Bei diesen Ausdrucken kommt es vor allen Dingen darauf an, daß die ausgedruckten Informationen übersichtlich auf dem Papier angeordnet sind, so daß man die wesentlichen Informationen sofort aufnimmt und sie nicht erst mühsam aus unübersichtlichen Druckwerk aussuchen muß. Dazu gehört, daß die Abkürzungen für Kolonnentitel sinnvoll sind und es nicht nur für einen kleinen Kreis Eingeweihter klar ist, was eigentlich gemeint ist; daß die Kolonnen entweder durch einen genügend großen Abstand oder durch senkrechte Linien getrennt sind; daß Zwischensummen und Endsummen entsprechend hervorgehoben werden etc.

Besondere Aufmerksamkeit verdient der Kopf jedes Ausdrucks. Da ja die Ausdrucke nicht Selbstzweck sind, sondern einen bestimmten Sachverhalt widerspiegeln und – teils wegen betrieblicher Erfordernisse (z.B. Kostenrechnungen, Statistiken usw.), teils wegen gesetzlicher Vorschriften (z.B. Journale, Konten) – archiviert und aufbewahrt werden müssen, sollten mindestens folgende Angaben als Kopfzeile jeder Seite des Ausdrucks erscheinen:

Firma, ggf. mit Betriebsteil
Titel des Ausdrucks
Datum
Seitenzahl 1 – n (auf Seite n der Vermerk „Ende der Liste").

Ggf. kann man in die rechte obere Ecke im „expandet print" (= Bereitschaft s. Abb. 8.5) einen sog. Ablegebegriff als Ordnungswort drucken, was die spätere Archivierung erleichtert.

Da ja die meisten Belege in der einen oder anderen Form im Betrieb schon vorhanden sind – außer vielleicht einigen Statistiken, die man durch die EDV-Bearbeitung zusätzlich zu erhalten wünscht – kann man sich im wesentlichen darauf beschränken, die vorhandenen Listen auf Vollständigkeit und Übersichtlichkeit zu überprüfen und ggf. zu ergänzen. Es kann nur zugeraten werden, bewährte Formen zu übernehmen und nicht alles neu zu machen. Die Umstellungen durch die EDV sind groß genug, man sollte sie nach Möglichkeit nicht durch Umgestaltung aller innerbetrieblichen Formulare usw. vergrößern. Allerdings sollte man keinesfalls für innerbetriebliche Zwecke *Formular-Vordrucke* verwenden. Der Computer kann den Drucker so gut steuern, daß alle Anforderungen, die innerbetrieblich an einen Ausdruck gestellt werden, erfüllt werden können. (Weitere Vorzüge des formularlosen Druckes siehe unten).

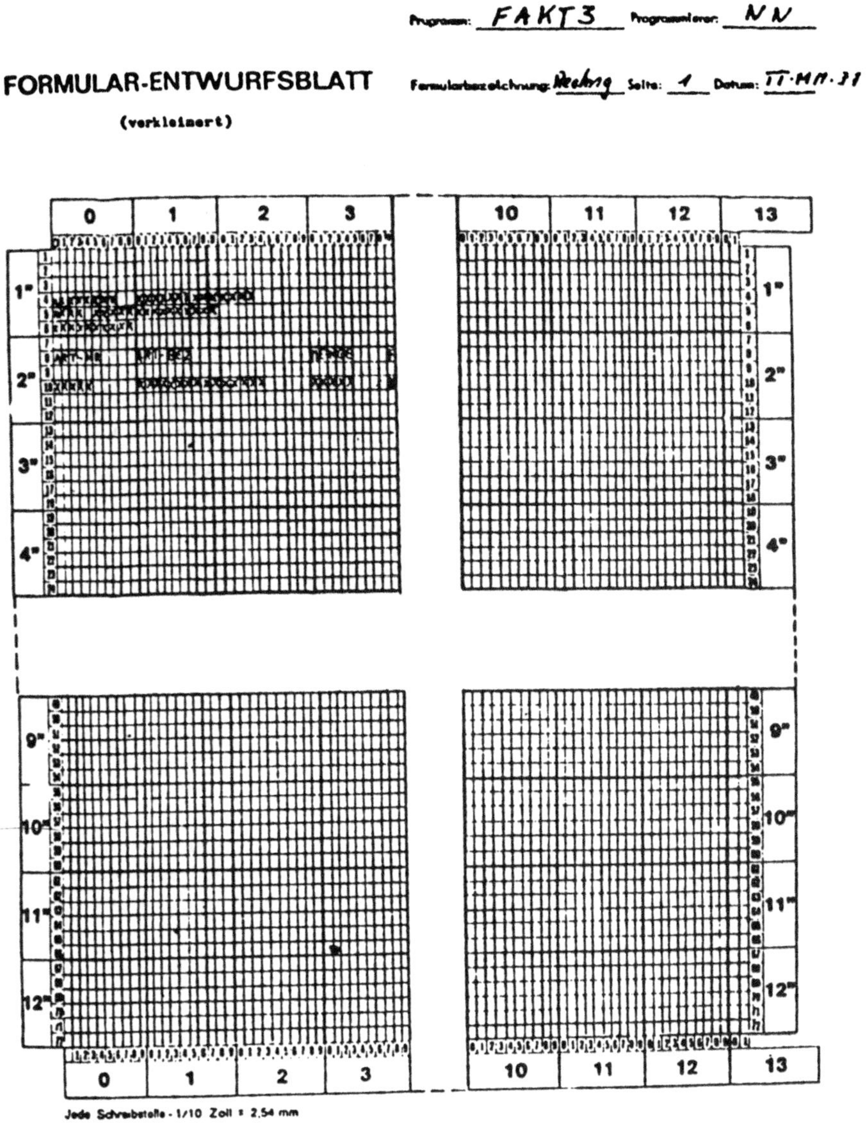
Programm: FAKT3
Programmierer: NN
FORMULAR-ENTWURFSBLATT
(verkleinert)
Formularbezeichnung: Rechng
Seite: 1
Datum: TT.MM.JJ
0
1
2
3
10
11
12
13
1"
2"
3"
4"
9"
10"
11"
12"
Jede Schreibstelle - 1/10 Zoll = 2,54 mm

Bild 8.1

Formular	System	Programm	Programm-Nr.
RECHNUNG	FAKTURA	RECHNUNGSDRUCK	FAK 010

Druck:

Position Zeile/Stelle	Bezeichnung	Text	kommt von
8/20 'EP'	Kopf	Name 1	Firmenstamm
10/40		Name 2	Firmenstamm
12/40		Straße	Firmenstamm
16/40		PLZ	Firmenstamm
16/46		Ort	Firmenstamm
18/40		Bank/Postscheck	Firmenstamm
21/ 7	Kunde	Name 1	Kontenstamm
22/ 7		Name 2	Kontenstamm
23/ 7		Straße	Kontenstamm
25/ 7		PLZ	Kontenstamm
25/13		Ort	Kontenstamm
25/(39–LEN (Q 1)) 'EP'	Text	Rechnung/Gutschrift	Programm
28/16	Bestellangaben	Kunden-Nr.	Kontenstamm
28/43		Rechnungs-Nr.	Parameterstamm
28/60		Rechnungs-Datum	System/Eingabe
29/ 7		Auftrags-Nr. (intern)	Auftragsdatei
29/43		Bestell-Nr.	Auftragsdatei
29/50		Bestell-Datum	Auftragsdatei
32/47	Artikel	Bezeichnung	Auftragsdatei
32/ 7		Artikel-Nr.	Artikelstamm
32/53		Anzahl	Auftragsdatei
57		Listenpreis	Artikelstamm
64		Rabatt	Kontenstamm/ Artikelstamm
71		Nettopreis	wird errechnet
· · /		·	
· · /		·	
· · /		·	
· · /71	Rechnungsende	Versandspesen	wird errechnet
· · /71		Zwischensumme	wird errechnet
· · /71		MWSt	wird errechnet
· · /71		Endbetrag	wird errechnet
· · /13 'EP'		Fälligkeit	wird errechnet

Bild 8.2

Beispiel für *Listenausdruck Kundenübersicht*

Datum: 19.1.82	KUNDEN-ÜBERSICHT		BLATT 1
KUNDEN-NR.	FIRMENNAME	Umsatz MIO DM	LETZTE BESTELLUNG
280 716	WERNER & PFLEIDERER Theodorstr. 10 7000 Stuttgart 30	15	10.8.81
280 717	KRAUS u. REICHERT Stuttgarter Str. 14 7012 Fellbach	2	19.3.81
280 718	DRAIS-WERKE Speckweg 43–59 6800 Mannheim	3	12.4.81

Diese *Kundenübersicht* erhalten die entsprechenden Verkaufsbearbeiter und der Sachbearbeiter für die Statistik. Im Regelfall wird die Liste monatlich ausgedruckt.

Beispiel für *Listenausdruck Lieferantenübersicht*:

Datum: 19.1.82	LIEFERANTEN-ÜBERSICHT			BLATT 1
LIEFER-NR.	FIRMENNAME	BLZ	BANK	KONTO
130 040	Rolf Bernhardt Einsteinstr. 104 7000 Stuttgart 50 Zahlungsziel: 010 Datum letzte Bestellung:	600 501 01 Jahresumsatz: 15.11.80	Landes- girokasse Stuttgart DM 10 Mio	580 330 3
130 041	Helmut Müller Eisenbahnstr. 18 7012 Fellbach 2 Zahlungsziel: 005 Datum letzte Bestellung:	611 812 02 Jahresumsatz: 23.9.90	Volks- bank Schmiden DM 20 Mio	321 561
130 042	Ingenieurbüro Bero Kloppstockstr. 13 7000 Stuttgart 1 Zahlungsziel: 008 Datum letzte Bestellung:	622 313 12 Jahresumsatz: 4.5.81	Volks- bank Cannstatt DM 25.000.–	503258008

Die *Lieferantenübersichten* erhalten die Sachbearbeiter des Einkaufs und der Normung. Ausdruck monatlich.

Beispiel für Listenausdruck Dispositon

Datum: 12.12.81 – 09.45 Uhr			Dispo-Liste Nr. 000 230 Blatt 1
Disponent:	E 53	Gewicht: 1 Kg	
Teile-Nr.:	232 481 0022	Konto-Nr.: 71032	
Benennung:	Kugelrolle		
	Type KU 22 A	Teileart: K	
Verbrauch 1	Verbrauch 2		Verbrauch 12
Bedarf 1	Bedarf 2		Bedarf 12

Letzter Zugang:	Letzter Abgang:	Letzte Inventur:
15.7.80	28.11.81	02.80

Werk-Nr.:	Menge:	Breite:	Länge:	Termin:	Anforderungs-Nr.:
3 80 411	00004	–	–	15.1.82	MBKL 022 989

Die *Dispositionsliste* wird je nach seitheriger Dispositionshäufigkeit von täglich bis wöchentlich ausgedruckt. Verteiler: Sachbearbeiter Disposition und Einkauf.

Der Überblick über den Auftragseingang ist für die Geschäftsleitung außerordentlich wichtig. Mit Hilfe des Computers kann täglich aktuell ein Gesamtüberblick über alle eingegangenen Aufträge erstellt werden.

Beispiel für *Listenausdruck Auftragseingang*:

Datum: 5.1.82	Auftragseingangsliste		Blatt 1
Auftrags-Nr.:	Kunden-Nr.:	Kunden-Name:	Liefertermin:
512 318	414 212	Rudi Müller	15.12.82
Auftragswert:	Konventionalstrafe:	Zahlungsbedingungen:	
DM 5 Mio			

Die Auftragseingangsliste erhält täglich die Geschäftsleitung.

Beispiel für *Listenausdruck Kostenarten*:

(Nach Nixdorf-Computer)

Kostenarten-Listung								
COMET-Kostenrechnung		List-Datum 31.07.79			Datum 17.08.79 Seite 1			
Konto-Nr.	**Bezeichnung**	Monatsverkehrszahlen			Jahresverkehrszahlen			
4220	Sozial-	Soll	Haben	Saldo	Soll	Haben	Saldo	
	Abgaben	46221	0,00	46221 S	4466221	0,00	446221,50 S	
Saldo								
446 221,50 S								

In der Kostenartenrechnung wird aufgezeigt, welche Werte in den Abrechnungsperioden verbraucht worden sind. Die Ausdrucke enthalten die für die Kostenstellenverantwortlichen und die Sachbearbeiter des Rechnungswesens wichtige Daten.

Beispiel für *Listenausdruck Stückliste* (Bild 8.3). Die Stücklisten erhalten verschiedene Fachabteilungen, angefangen von der Konstruktion über die Fertigungsplanung bis zur Montage. Selbstverständlich können Stücklisten nach unterschiedlichen Gesichtspunkten sortiert werden.

Beispiel für *Listenausdruck Arbeitsplan* (Bild 8.4). Analog der Stückliste wird der Arbeitsplan nach Erstellung in der Fertigungsplanung durch die Fertigung bis zur Montage als Dokument des vorgeschriebenen Arbeitsablaufes laufen.

Statistiken

Wenn man sich vergegenwärtigt, daß die heutigen Computer direkte „Nachkommen" der Statistik-Zählmaschine des Amerikaners Hermann Hollerith (1860 – 1929) sind, so kann man allein schon aus dieser Tatsache schließen, daß Computer in der Lage sind, riesige Mengen von Zahlen mit unglaublicher Geschwindigkeit durchzusehen, zu ordnen und aufzulisten. Deshalb sind sie für den Einsatz in der Statistik ideal, und zwar nicht etwa nur für die amtliche Statistik, sondern gerade für die Betriebsstatistik. Ohne Computereinsatz kranken betriebliche Statistiken meist daran, daß sie wegen des großen Aufwands an Zeit oft zu spät, oder sogar wegen der Eintönigkeit der Arbeit am liebsten überhaupt nicht, meist jedoch nur lückenhaft aufgestellt werden. Der Computer ist gerade für diese

Ausgabe-Datum	Erstell-Datum	Ersteller	Abt.	Type	letzte Änd. am:	Änd.-Nr.	ÄBU	Blatt	Schlosser-Stückliste	Werk-Nr./Ind.
23.05.75	10.04.75	SAX	BIS	RTA1000				001		380411/326

Lfd.-Nr.: 000 — Stückz.: 001 — Benennung: VERTEILERRINNE — Gruppen-Nr.: 53570-17H1 — G

Erstausführung: 380411 — DUPLIKAT DISPOL.NR. 00000226 — Zeichnungs-Nr.: B 53570-17H1

Änd. / Teile-(Sach-) Nr.	Lfd.-Nr. / Rohmat.	Stückz.	Benennung u. Bemerkung / Werkstoff	Modell-Nr. / Profil	Breite (ME)	Länge (S-Menge)	Gruppen-Nr., Teile-(Sach-) Nr. / Zeichnungs-Nr.	Def.-S. / T.-Art / Index
00	001	1	BOLZEN				53570-17H1-01	BE
123123-0460			C 15K	D25	0000	00084	E 53570-17H1-01	VR
00	002	1	BLECH				53570-17H1-02	BE
116372-0200			ST 37-2	6	0270	00652	E 53570-17H1-02	VR
00	003	1	FLACHSTAHL DIN 1017				114223-191-0240	BE
114223-1910			UST 37-2	80X12	0000	00240	OZ	VR
00	004	1	VERTEILERRINNE				53570-17H1-04	BE
117612-7000			ST12-03	2	0991	01066	C 53570-17H1-04	VR

ENDE DER STUECKLISTE

FD 4239/73-706-50.

Definitions-Schlüssel:
L - Lose Teile-Gruppe
A - Auftrags-abhängig
W - aus vorgefert. Auftrag
N - Definiert
O - Entfällt
P - Kommt hinzu
Q - zus. Beschreibung
S - Schraubenliste
D - Dichtungsliste

Teile-Art:
G - Baugruppe
B - Bearbeitungs-Teil
K - Kommissions-Teil
V - Vorrats-Teil
S - Satz Bleche
T - Klein-Teil
U - Umbau-Teil

Schlüssel f. Bezugsart:
C - Unfert. Fremdbau- (AF-) Teil mit Mat.
D - Unfert. Fremdbau- (AF-) Teil oh. Mat.
E - Eigenfertigung
F - Fremdbau- (AF-) Teil mit Mat.
H - Fremdbau- (AF-) Teil oh. Mat.
L - Lieferanten-Teil (Fremdbez.)
N - Unfertiges Einkaufsteil
R - Rohmaterial

(S-Menge) = Menge pro Stück
(ME) = Mengen-Einheit dazu

1. Materialentnahme: | Ber. am
Fertigmeldung: | Ber. durch

Bild 8.3

Arbeitsplan	Datum	Name	Maschinentype	Code-Nr.	Blatt	F.-Menge	W.Z.		Stand vom
21.05.75	22.04.75	KN3	RTA1000	00000	1/		0	TST 00.00.00	21.05.75

Benennung	Arbeitsplan-Nr.	TA	BA
SCHEIBE	53570-17-07	B	E

LG.	Sach-Nr.	Werkstoff	Profil/Modell-Nr.	Breite	Länge	Z.E.	F.	Zeichnungs-Nr.	Gewicht	TA
3	113335-0070	ST 50-2	0210	0000	00043	1	D	53570-17-07		V

KA	Abt.	AW	Afo.	Z.	Arbeitsfolge-Beschreibung	Masch.-Nr.	Stückzeit	Rüstzeit	LGr.	B	M.W.M.	B.S.	E.O.Z.	M.B.Z.
0	226		010	A	ABSAEGEN	14714			00	1	000		000	00000
1	310		020	A	KOMPL.DREHEN,EINSCHL.	10011	62.0	20	00	3	000		000	00000
				B	210 D EGALISIEREN									
1	390		030	A	BOHR.,ENTGR.,REIBEN,SCHND.	12203	12.0	12	00	1	000		000	00000
				B	3X12 D, 1XM6 MIT									
				C	ANKOERNEN									
				1	65050-2133									
1	360		040	A	NUT RAEUMEN	11431	4.5	11	00	1	000		000	00000
0	391		050	A	ENTGRATEN NUT	60291			00	1	000		000	00000
0	4'		060	A	KONTR.	60601			00	1	000		000	00000
0	433		070	A	BRUENIEREN	48420			00	1	000		000	00000
					E N D E DES ARBEITSPLANS									

Bemerkungen:

Teile-Art TA:
G = Baugruppe
B = Bearbeitungs-Teil
K = Kommissions-Teil
V = Vorrats-Teil
T = Klein-Teil
U = Umbau-Teil

Bezugsart BA:
C = Unfert. Fremdbau- (AF-) Teil mit Mat.
D = Unfert. Fremdbau- (AF-) Teil oh. Mat.
E = Eigenfertigung
F = Fremdbau- (AF-) Teil mit Mat.
H = Fremdbau- (AF-) Teil oh. Mat.
L = Lieferanten-Teil (Fremdbez.)
R = Rohmaterial

FD 4176/75-462-100 (50)

Bild 8.4

Arbeit ein so ideales Werkzeug, daß man sich vor der Versuchung hüten muß, für alles und jedes eine Statistik zu erstellen. Unter einer solchen Politik würde die Auswertung der Statistiken leiden.

Quelle: Angewandte Informatik 1981 Heft 10

Es gibt heute so viele standardisierte Statistikprogramme, daß für Mittel- und Kleinbetriebe wirklich jedes Problem lösbar ist. Aber es ist zu bedenken: Auch Standardprogramme kosten Geld, und wenn etwa statistische Daten gespeichert werden müssen, so kostet das nochmals Geld, nämlich Speicherraum. Aus diesem Grund ist es wichtig, vor der Installation von Statistikprogrammen sehr gut zu überlegen, was man wissen will.

Sinnvoll sind Statistiken ja nur, wenn man aus den Geschehnissen der Vergangenheit Hinweise für sinnvolles Handeln in der Zukunft erhält. Ein Beispiel mag das verdeutlichen: Der Absatz bestimmter Artikel unterliegt mehr oder weniger starken saisonalen Schwankungen. Jedem leuchtet sofort ein, daß im Sommer keine oder fast keine Wintersportartikel verkauft werden, während im Winter der Absatz an Sonnenschirmen nahe Null sein wird. Bei solchen Artikeln ist das Problem klar und dadurch einfach.

Aber auch andere Artikel unterliegen saisonalen Schwankungen (der Statistiker sagt: Haben einen Jahresgang). Der Lagerverwalter ahnt das zwar bei manchen Artikeln, aber ein Jahresgang im Einzelhandel kann durch die Pufferwirkung des Großhandels so abgeschwächt sein, daß er beim Hersteller kaum noch wahrnehmbar ist.

Es gibt aber Programme, die die vorhandenen betrieblichen Zahlen auf derartige Merkmale untersuchen und eine optimale Bestellmenge (oder Losgröße) zusammen mit dem optimalen Bestellzeitpunkt (oder Fertigungsstart) erreichen.

Wenn der Systemanalytiker von vornherein weiß, welche Statistiken gewünscht werden, welche Daten dazu benötigt werden usw.) dann kann er seine Dateiorganisation schon darauf ausrichten. Die statistische Auswertung ist dann oft einfach und ohne Zeitaufwand möglich.

Man muß sich v o r anlegen einer Statistik fragen:

+ welche Informationen soll die Statistik liefern
++ welche Zahlen sind dazu nötig
++ welche Gegenüberstellungen, Verknüpfungen oder Verdichtungen sind notwendig
++ welche (mathematisch-statistischen) Verfahren sind anwendbar
+ wem sollen die Informationen geliefert werden (es leuchtet unmittelbar ein, daß der Vertreter eine andere Aufschlüsselung der Absatzstatistik benötigt als die Geschäftsleitung, der Marketingleiter usw.)
+ wie oft soll die Statistik erstellt werden
++ regelmäßig
+++ monatlich
+++ wöchentlich
++ unregelmäßig
+++ bei Bedarf (Ausdruck als Liste o.ä.)
+++ permanent (Anzeige am Bildschirm)
+ welche Zeiträume sollen betrachtet werden (Speicherbedarf!)

Zu guter Letzt muß dann nur noch festgelegt werden, wer dafür verantwortlich ist, daß die jeweiligen Auswertungen zum festgelegten Zeitpunkt auch den erreichen, der die Informationen erhalten soll. (Das gehört mit in die Arbeitsplatzbeschreibungen sowohl des Erstellers als des Empfängers!)

Wenn man die Auswertungen der betrieblichen Zahlen nach etwa diesen minimalen Anforderungen sicherstellt, dann können Statistiken auf allen Stufen der betrieblichen Hierarchie wertvolle Entscheidungshilfen sein.

8.1.2 Belege, die nach außen gehen

Unter diese Belege fallen vor allem

Rechnungen/Lieferscheine
Kontoauszüge
Mahnungen
Bestellungen
Etiketten
usw.

Die Entscheidung, ob man für diese Belege Vordrucke verwenden soll oder nicht, hängt von verschiedenen Komponenten ab. Hier zunächst einmal einige generelle Bemerkungen:

Hat man nicht mehrere Drucker in der Hardware-Konfiguration vorgesehen, so steigen die Vorteile des formularlosen Drucks, denn bei der Verwendung von vorgedruckten Formularen muß wohl praktisch nach jedem Vorgang am Drucker ein Papierwechsel durchgeführt werden. Dieser Papierwechsel muß auch noch sehr genau durchgeführt werden (Probedruck-Möglichkeit ist unerläßlich), damit der Druck auch wirklich genau in die vorgesehenen Zeilen und Spalten erfolgt. Bei formularlosem Druck kann man die Zahl der Papierwechsel durch eine gute Druckerbelegungs-Organisation stark einschränken.

Da außerdem die Drucker einer EDVA durchaus in der Lage sind, die Formulare auch drucktechnisch ansprechend zu gestalten, verzichten viele Firmen auf Vordrucke.

```
 !"#$%&'()*+,-./0123456789:;<=>?
@ABCDEFGHIJKLMNOPQRSTUVWXYZ[\]^_
`abcdefghijklmnopqrstuvwxyz{|}‾
 ÄÅÆÄIJÑÖØÕßÜ¿¡~£◇aàáâäåæãçeèéêëi
█ijîñôöøõüûù§↑↓←→0123456789ſΨ⊣¤₧¢
```

```
* BREITSCHRIFT :

    5 cpi Schoenschrift
    6 cpi Schoenschrift
```

Bild 8.5

Trotzdem ist der Wunsch immer wieder sehr stark, Vordrucke zu verwenden. Man will auch bei den Rechnungen, Mahnungen etc. das Firmenbild bei dem Empfänger dadurch festigen, daß man Signete, Farben, auf dem Computer nicht nachbildbare Schriftzüge etc. verwendet. Es wird dann oft zweckmäßig sein, bestimmte Arbeiten nur auf bestimmten Drukkern durchführen zu lassen (z.B. einen Drucker nur für Rechnungsdruck zu verwenden).

Eine Probedruck-Möglichkeit sollte aber nicht nur bei Programmen vorgesehen werden, bei denen bestimmte Spalten und Zeilen ausgefüllt werden müssen, sondern immer auch dann, wenn vom Programm oder durch den Benutzer (z.B. nach einer Druckunterbrechung) der Druckervorschub neu gesetzt werden muß. So z.B. auch beim Etikettendruck, da ja hier der Druck sehr genau auf das Etikett „treffen" muß.

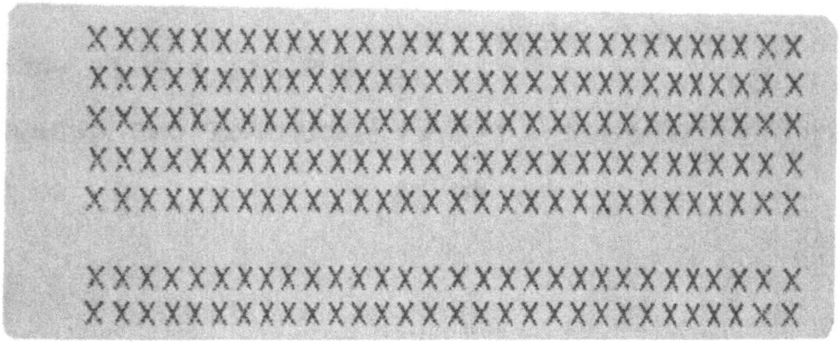

Bild 8.6

Möglichkeiten der Druckausgabe

Der Sachbearbeiter weiß natürlich oft nicht, welche Möglichkeiten die EDVA ihm bieten kann und folgt den Vorschlägen der EDV-Fachleute zu recht. Er sollte sich jedoch immer vor Augen halten, daß die EDV-Fachleute seine Möglichkeiten und Probleme auch nicht genau kennen. Deshalb sollte er immer überlegen, wie er von den EDV-Fachleuten angebotene Möglichkeiten noch besser benutzen kann.

Hierzu ein einfaches Beispiel, das aber zum Nachdenken anregen soll: Wenn man sein Auto etwa vom Wartungsdienst aus der Werkstatt holt, so erhält man eine Rechnung, auf der von der EDV das verbrauchte Material und die Arbeitszeit sehr schön übersichtlich aufgelistet und samt Mehrwertsteuer zur Rechnungsendsumme addiert worden ist. Oft steht dann zum Schluß noch ein Satz etwa folgenden Inhalts:

„Wir danken für Ihren Auftrag und wünschen gute Fahrt!"

Derjenige, der das Rechnungsdruckprogramm erstellt hat, ist also ein netter Mensch. Aber Werkstatt und Kunde hätten sicher mehr davon, wenn der Sachbearbeiter den Kunden auf etwas aufmerksam machen könnte. Dazu wäre es notwendig, für diese Stelle einen frei wählbaren Text eingeben zu können, was leicht programmierbar ist.

Man könnte dann den Raum nutzen, um den Kunden auf laufende Sonderangebote aufmerksam zu machen. Dabei wäre es sogar möglich, diese Angebote auf den Wagentyp, der zur Wartung oder zur Reparatur war, abzustimmen. Der Computer würde sich aus einer Tabelle leicht die entsprechenden Größen und Preise heraussuchen, so daß dann der Rechnungsschluß vielleicht so aussehen könnte:

```
SONDERANGEBOT
                              GUELTIG BIS 25.SEPTEMBER
WINTERREIFEN EINSCHLIESSLICH MONTAGE UND AUSWUCHTEN
               155 SR 13               JE  DM 88.--
```

Bild 8.7

Mit ein bißchen Nachdenken wird man noch weitere Möglichkeiten finden, den Computer wirklich auszunutzen.

Ganz nah an die *Textverarbeitung*, die aber hier nicht im einzelnen behandelt werden soll, kommt man beim Programm „Maschinell Mahnen". Bei den meisten Programmpaketen „Buchhaltung" gibt es auch ein Programm „Mahntexte eingeben". Hier kann man Texte für erste, zweite, dritte und letzte Mahnung laden. Die EDVA zählt beim Mahnungsausdruck, um welche Mahnung es sich handelt und wählt den entsprechenden Mahntext aus.

Wenn man sich entschieden hat, keine besonderen Formulare für Rechnungen, Angebote usw. zu verwenden, kann etwa eine Exportfirma ohne Papierwechsel die Rechnung in verschiedenen Sprachen ausdrucken lassen. Welche Sprache Verwendung findet entscheidet die EDVA nach dem Länderkennzeichen der Adresse: z.B. bei Länderkennzeichen 1 = D, 2 = DDR, 3 = A, 4 = CH die Texte in deutscher Sprache, alle anderen Texte in englischer Sprache. Oder eben in italienischer, französischer, spanischer Sprache. Je nach der Gegebenheit der eigenen Firma und der Erwartung der Kunden.

TESTFIRMA

TESTSTRASSE

9999 OBERTESTING/TESTIMON

PAUL FROEHLICH

H.-FICHTEL-STR. 25

8740 BAD NEUSTADT

RECHNUNG

KDN-NR: *000760 RECHNUNGSNUMMER: 000012 VOM: 18.04.83
022055 BESTELLUNG: 23768 V. 15.4.83

	TITNR	ANZ	LP	RAB. %	NETPR.
TESTSCHMIERE IM PLASTIKKANISTER	00006	5	8,20	10,00	36,90
VERSANDSPESEN:					25,00
				DM	61,90
		13,00 % MWST		DM	8,05
	RECHNUNGSBETRAG:			DM	69,95

DIESE RECHNUNG IST ZAHLBAR BIS

28.APR.83

Bild 8.8

TESTFIRMA

TESTSTRASSE

9999 OBERTESTING/TESTIMON

HENRY MILLER

HYTHE BRIDGE ST

TOKYO

JAPAN

INVOICE

CUST-NR: *000005 INVOICE-NUMBER 000010 DATE: 18.04.83
022052 ORDER : 2348 OF APRIL 15, 1983

		TITNO	COP	LISTPR	DISC %	NET-PR
TESTSCHMIERE	IM PLASTIKKANISTER	00006	20	8,20	10,00	147,60
POSTAGE:						145,00
		TOTAL AMOUNT	DM			292,60

THIS INVOICE IS DUE UNTIL

18.MAI.83

Bild 8.9

8.2 Bildschirmausgabe

Die Büros der Zukunft werden immer mehr geprägt von *Bildschirmgeräten.* Das Bildschirmgerät ist das Kontaktterminal zum Computer. Hier lassen sich die Sachbearbeiter der Fachabteilungen zeigen, was sie für die Bewältigung der laufenden Aufgaben benötigen. Bevor es jedoch so weit ist, muß festgelegt werden, welche Daten in welcher Anordnung am Bildschirm gezeigt werden sollen. Alle unter 8.1 aufgeführten Wünsche für Listenausdrucke können zusätzlich auch am Bildschirm gezeigt werden. Beispiele für Bildschirmanzeigen:

Beispiel für *Bildschirmanzeige VERKAUFSABWICKLUNG*:

Verkaufsgruppen – Gliederung Datum 19.3.82

Teile-Nr. 14 Zusammenstellung der Maschinen nach Nennbreite (NB)

Gruppen-Nr.	NB	Ident-Nr.	Stofflegemasch.	ME	E.-Preis
A01	1680	44315	Pionier Super f. Stoffbreite bis 1680. Für 220/380 V – 50 HZ	00	00.000,00
B01		44308	Abrolltisch mit normalen Abrollstützen		
C02		45381	Zick-Zack-Aggregat		
D04		46937	C-Schiene Pionier		

Derartige Aussagen sind für die Bearbeitung von Aufträgen und auch von ganzen Märkten von großer Bedeutung. Sind die Aufträge im Hause, ist beispielsweise die sogenannte *AUFTRAGSLISTE* besonders interessant.

Auftragsliste: Datum: 19.3.82

Auftrags-Nr.	Benennung	Kunde	Liefertermin	Auftragswert
215 170	Schaltschrank	Müller	03.82	DM 25.000.–
413 919	UK-Kneter	Chemie	09.82	DM 1,1 Mio.
524 120	ZSK-Maschine	Krämer	08.82	DM 200.000.–

Beispiel für *Bildschirmanzeige AUFTRAGSVERWALTUNG*:

Auftragsverwaltung Datum: 19.3.82

Auftrags-Nr.	Baugruppen-Nr.	Teile-Nr.	Menge	Kostenstelle
423 522	53 471-20	53 471-20-03	3	471
437 318	54 319-12	54 319-12-10	17	473
438 912	52 212-11	52 212-11-19	2	378

Durch diese Datenausgabe kann jederzeit ersehen werden, wo welcher Auftrag gerade zur Bearbeitung liegt. Die Aufgliederung kann bis zum Arbeitsgang geschehen.

Beispiel für *Bildschirmanzeige AUSWÄRTSBEARBEITUNG*:

Auswärtsbearbeitung bei Lieferanten Datum: 19.4.82

Art L	Suchbegriff	77 408 Start 001			
		Bezeichnung			
		Makler J.F.			
		Apparate u. Ofenbau GmbH			
Index-Nr.	L	AG	POS.	Menge	Termin
27 076	1	030	010	3	03.82
27 078	1	030	010	5	04.82
27 080	1	030	010	8	04.82

Aus dieser Anzeige kann gesehen werden, welche Teile bei welchem Lieferanten sind. Auch die Terminüberwachung kann einbezogen werden.

Beispiel für *Bildschirmanzeige BEDARFSÜBERSICHT*:

Bedarfsübersicht pro Teil Datum: 19.3.82

Teile-Nr.	Benennung	Werkstoff	Zeichng.-Nr.	Teileart
53 770-30	Bolzen	St 37	C-53 770-30	B

Auftrag-Nr.	Menge	Termin	Status
414 313	18	14.4.82	A
508 672	24	10.4.82	A
322 611	8	12.4.82	E

Mit der Bedarfsübersicht pro Teil können größere Lose geschaffen und damit Rüstzeiten vermindert werden. Außerdem ist eine gezielte Reaktion bei Engpässen und auftretenden Komplikationen möglich.

Beispiel für *Bildschirmanzeige über LIEFERUNGEN*:

Letzte Lieferung			Datum: 19.5.82		
Teile-Nr.	Benennung	Werkstoff	Zeichng.-Nr.		
52 712-318	Gehäuse	9 S 20 K	A-53 712-318		
Lieferant	Bestell-Nr.	Termin	Preis	Menge	Eingangs-Datum
44 123	512 333	19.3.82	1200.–	5	25.3.82
44 123	512 412	18.4.82	1200.–	5	28.4.82

Der Einkäufer kann sich am Bildschirm die jeweils letzten zehn Wareneingänge ansehen und dann beurteilen, wie die Termintreue und die Preisentwicklung war.

Beispiel für *Bildschirmanzeige über VERFÜGBARKEIT*:

Verfügbarkeit von Teilen			Datum: 19.3.82	
Teile-Nr.	Benennung	Werkstoff	Zeichn.-Nr.	Teileart
65 318-22	Spannbolzen	C15	C-65 318-22	V
Datum	Lagerbestand	Bestellbestand	Vormerkbest.	Verf. Bestand
10.1.82	800	0	0	800
15.2.82	350	150	0	500
13.3.82	500	0	100	400

Mit der Gegenüberstellung von Lagerbestand, Bestellbestand und Vormerkbestand wird der jeweils verfügbare Bestand aktuell ausgewiesen.

Beispiel für *Bildschirmanzeige OFFENE BESTELLUNGEN*:

Offene Bestellungen — Datum: 19.3.82

Ident-Nr.	Klass.-Nr.	Bezeichnung	ME	KA	DP	ABC
15 305	0-702-530	Messer glatt	00	1	1	A

Bestell-Nr.	Datum	Menge	ME	Wareneingang	Auftrags-Nr.
216 315	26.2.82	400	00	0	212 313
216 412	28.2.82	200	00	0	416 312
408 202	1.3.82	150	00	0	312 808
	Summe	750			

Beispiel für *Bildschirmanzeige TEILEVERWENDUNGSNACHWEIS*:

Baukasten-Teileverwendung — Datum: 19.3.82

Teile-Nr. 50 510- 159 - 05
Zeichng.-Nr. E 50 510-159-05
Benennung: Buchse

Baugruppen-Nr.	Benennung	Menge je Gruppe
50 510-189	Anschlußkopf	1
50 510-159	Satz-Anschlußköpfe	2
50 510-267	Anschlußkopf	1
50 510-266	1 Satz-Anschlußkopf	2
50 510-265	1 Satz-Anschlußkopf	2
50 510-236	Satz Anschlußköpfe für Schaufelabdichtung	2
50 510-224	Anschlußkopf für Schaufelheizung	2

Der Teileverwendungsnachweis bietet der Konstruktion die Möglichkeit, die Auswirkung einer Änderung auf andere Erzeugnisgruppen vorab zu prüfen. Er ist zudem die Entscheidungsgrundlage dafür, ob ein bestimmtes Einzelteil bei einer erforderlichen Änderung durch ein neues Teil voll ersetzt werden kann oder ob es für Ersatzteillieferungen weitergeführt werden muß.

Beispiel für *Bildschirmanzeige STÜCKLISTE*:

Stückliste neutral Datum: 28.6.82

Tages-Datum	Erstell-Datum	Ersteller	Abt.	Type	Letzte Änderung
28.6.82	11.5.73	JOR	KSP	ZSK 53 V	20.3.74

Benennung: Schneckengehäuse Abstützung Gruppen-Nr. 50 973-253
Zeichng.-Nr. B-50 973-253
Teileart
G

Lfd.-Nr.	Stückzahl	Benennung	Profil	Breite	Länge	Z.-Nr.
001	1	Schneckengehäuse	–	–	–	B-50 973-253 H1 G
002	1	Passfeder	–	–	–	211 711-1811-008 B
003	1	Zylinder M 6 X 16 DIN 912 – 10.9	–	–	–	214 213-0272

Die auftragsneutrale Stückliste ist ein wichtiges Informationsmittel für den Konstrukteur.

Beispiel für *Bildschirmanzeige ARBEITSPLAN*:

Arbeitsplan Datum: 19.3.82

Ident-Nr.: 11 400 Benennung: Tragstütze

Abt.	Arbeitsgangtext	Arbeitsgang-Nr.	Masch.Nr.	Stückzeit	Rüstzeit
226	Absägen	010	14 714		
310	Drehen	020	10 011	62,0	20
390	Bohren	030	12 203	12,0	12

Bei allen aufkommenden Fragen kann der Sachbearbeiter der Arbeitsvorbereitung sofort und aktuell Auskunft einholen. Außerdem können bei neu anzulegenden Arbeitsplänen ähnliche Arbeitspläne am Bildschirm abgefragt werden.

Beispiel für *Bildschirmanzeige FERTIGUNGSSTEUERUNG*:

Fertigungssteuerung Datum: 19.3.82

Auftrags-Datei

Auftrags-Nr.	Ident-Nr.	Zeichng.-Nr.	Teile-Bezeichnung	PRIO
62 900	14 462	0-470.803	Winkel	1

Auftragsstück: 50
Lagerbestand: 0 Bestellte Menge: 50 Reservierte Menge: 0
Fertig bis AG Start: . . . . . Ende: . . . . . . Plan: . . . . .

AG	SCHL	MGR	KURZTEXT	LG	WOCHE	START-TERM.	END-TERM.	PLAN EINH.	TR	TE
01	+	502	ABSAE		17	9.15	9.20	005	000	0,00
02	+	406	BASCHL	05	17	9.16	9.20	004	010	0,90
03		203	V-FRAE	07		9.17	9.20	003	020	2,30
04		300	BO	05		9.18	9.20	002	020	2,50
05		004	KONTR			9.20	9.20	000	000	0,00
06		707	LACKI	07		9.19	9.20	001	000	0,00
07		004	KONTR			9.20	9.20	000	000	0,00

Für eine gut funktionierende Fertigungssteuerung mit der Aufgabe, termingerecht die Teile für die Aufträge bereitzustellen, ist eine aktuelle Ausgabe einer Auftrags-Datei unentbehrlich.

Beispiel für *Bildschirmanzeige VORRICHTUNGSVERWENDUNG*:

Vorrichtungs-Verwendung Datum: 19.3.82

Art V Vorrichtungs-Nr. 69 799 Bezeichnung: Spannvorrichtung

Ident-Nr.	AG	Pos.	TR
11 543	130	020	Bohren D5
13 553	120	020	Bohren D 4,2
11 791	050	020	Bohren D 6,8

Durch die Eingabe der Vorrichtungs-Nr. wird die Vorrichtungsverwendung angezeigt, d.h. welche Teile werden mit der Vorrichtung X bearbeitet. Eine ganz wesentliche Auskunft für die Arbeitsvorbereitung.

Bei den gezeigten Beispielen handelt es sich lediglich um Anregungen. Von grundsätzlicher Bedeutung ist, daß die einzelnen Fachabteilungen ganz genau beschreiben, welche Ausgaben aus dem Computer am Bildschirm und/oder über den Drucker ausgegeben werden soll.

Nur die Sachbearbeiter der Fachabteilungen sind als spätere Anwender in der Lage, anwenderfreundliche Texte und deren übersichtliche Anordnung zu gewährleisten. Die Fachabteilungen müssen auch festlegen, wer welche Ausdrucke erhält und welche Bildschirme für welche Anwendungen abfrageberechtigt und (bei Dialogverarbeitung) auch eingabeberechtigt sind.

Sehr nachdrücklich muß darauf hingewiesen werden, daß gerade in dieser Phase der EDV-Vorbereitung zwischen den Fachabteilungen und dem EDV-Fachmann enge Kontakte und ständige Abstimmungsgespräche notwendig sind. Der EDV-Spezialist kann dabei auf die vielfältigen Möglichkeiten der einmal gespeicherten Daten aufmerksam machen. Oftmals werden gerade bei diesen Diskussionen Lösungen gefunden, die jede Seite für sich alleine nicht konzipieren kann. Dabei muß man im Auge behalten, daß der Sachbearbeiter der Fachabteilung mit dem Hilfsmittel Computer arbeiten wird und deshalb seine Belange Vorrang haben.

9. Programmierung

9.1 Ziele der Programmierung:

Logischer Ablauf beim Erstellen eines Programmes:

Analytiker/ Organisator	+ Problem (Plan) + Aufgabenstellung + IST-Zustand ermitteln + Erstellung der Spezifikationen + Datenträger normieren + problemorientierte Sprache + Erstellung Programm-Ablaufplan + Aufbau Testdaten zusammen mit Sachbearbeitern der Fachabteilung
Programmierer	+ Kodierung + Übernahme auf Datenträger + Korrektur/Syntaxfehler + Test mit Testdaten + Programm-Korrektur + Test mit echten Daten + Programm-Korrektur
Programmier Sachbearbeiter Organisator	+ Prüfung der Ergebnisse
Programmierer	+ Erstellung Bedienungsanweisung + Programmbeschreibung + Übergabe des Programms

Zeitliche Reihenfolge:

1. Erstellen des Programm-Ablaufplanes einschließlich Dateiaufbau.
2. Eingeben des Programmes
3. Einrichtungen der Dateien

4. Testen auf formale Fehler
5. Korrektur der formalen Fehler
6. Testdaten erstellen
7. Testen des Programmes (Teilprogramme)
8. Gesamttest aller Teilprogramme
9. Zusammenstellung der für den Ausgangslauf erforderlichen Ausgangs- bzw. Stammdaten
10. Probelauf des Gesamtprogrammes
11. Übergabe des gesamten Programmes

Aus den vorhergehenden Punkten läßt sich die Zielsetzung und damit gleichzeitig die Aufgabenstellung des Programmierers ableiten:

- Richtiges Programm erstellen aufgrund der ihm von der Systemanalyse übergebenen Aufgabenstellung (Programmvorgabe).
- Erstellen des Programms aufgrund evtl. bestehender Programmier-Richtlinien.
- Programm so einfach wie möglich erstellen, um später Änderungen leicht durchführen und das Programm einfach bei der Ausführung handhaben zu können (möglichst wenig manuelle Eingriffe).
- Das Programm unter optimaler Systemausnutzung und kürzester Durchlaufzeit zu erstellen.
- Lösungsverbesserungen ermitteln.
- Sorgfältiges Testen des Programms.
- Umfassende Dokumentation des Programms (Programmierer krank, Urlaub, Austritt).
- Festlegen der Bedienungsanweisungen für späteren reibungslosen Ablauf bei der Ausführung.

9.2 Programmierungsvoraussetzungen

Eine ganze Reihe von Voraussetzungen ist zu erfüllen, ehe eine gestellte Aufgabe programmiert werden kann. Man kann sich u.a. folgende Fragen vorlegen:

- Ist die Aufgabenstellung verständlich, richtig und vollständig?
- Ist die Aufgabe auf das Maschinensystem zugeschnitten? (ggf. Dateiorganisation neu festlegen).

- Sind symbolische Bezeichnungen festgelegt?
  (vor allem dann von Bedeutung, wenn auf Dateien von verschiedenen Programmen zugegriffen wird).
- Können Routinen für mehrfache Verwendung festgelegt werden?
- Welche Kontrollen sind zu programmieren?
- Ist die Programmaufgliederung festgelegt?

Datenflußplan

Ein gutes Verständigungsmittel zwischen Programmierer und Sachbearbeiter ist ein Datenflußplan. Hier wird aufgezeichnet, welche Dateien für den Programmlauf überhaupt benötigt werden, aus welchen Dateien nur gelesen wird, (z.B. die Anschriften, Zahlungsziele und kundenbezogenen Rabatte aus der Kontenstamm-Datei) aus welchen Dateien gelesen und gleichzeitig neu geschrieben wird (z.B. Artikelbezeichnungen und Preise werden aus der Artikelstammdatei gelesen, nach Ausdruck wird der neue Bestand eingetragen) und in welche Dateien nur geschrieben wird (z.B. Adressen in die Adressendruck-Datei). Anhand eines solchen Plans (s. Bild 9.1) muß der Sachbearbeiter kontrollieren, ob der Datenfluß richtig und vollständig dargestellt ist. Die Pfeilspitzen geben die Verarbeitungsrichtungen an. Durch einen solchen Datenflußplan wird das Dateiverzeichnis eines Systems erst richtig anschaulich gemacht.

Programmablaufplan

Bei größeren bzw. schwierigen Programmen empfiehlt es sich, nicht sofort mit dem Detail-Ablaufplan zu beginnen. Als „roten Faden" sollte man zuerst einen möglichst knapp und übersichtlich gehaltenen Grob-Ablaufplan erstellen. Die Hauptelemente des Programmes und deren Gesamtzusammenhang sollten dargestellt werden.

Darüber hinaus kann er soweit detailliert sein, um als Besprechungsgrundlage mit Systemanalytikern und der Fachabteilung zu dienen.

Unter Umständen bietet sich hier auch die Entscheidungstabellentechnik an.

RECHNUNGSDRUCK

Datenfluß

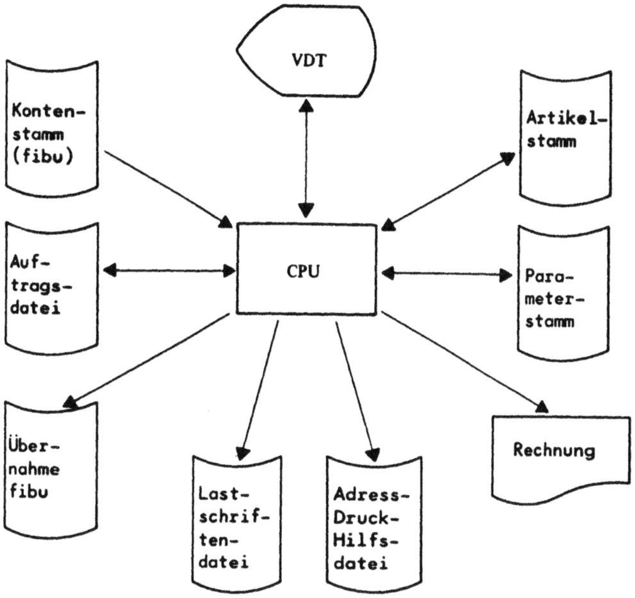

* Parameterstammdatei enthält: Rechnungsnummern-Datei, MWSt-Schlüssel, Länderschlüssel, Rabattstamm etc.

Bild 9.1

Auch bei problemorientierten Sprachen sollten aus Gründen der

- Programmübersicht
- Übersichtlichkeit
- Programmpflege

ein detaillierter Programmablaufplan erstellt werden. Art und Folge der durchzuführenden Operationen sollten so dargestellt sein, daß jeder Programmierer, der nicht an der Entwicklung beteiligt war, ohne allzugroße Schwierigkeiten den Ablauf verstehen und das Programm kodieren/ändern kann (besonders wichtig bei Urlaub, Erkrankung, Austritt der Firma). Der detaillierte Ablaufplan sollte von maschinenabhängigen Ausdrücken bzw. Befehlen weitgehend freigehalten werden, damit die Übersichtlichkeit erhalten bleibt.

Jeweils vor der endgültigen Freigabe eines Programmes zum Einsatz sollten von den Fachabteilungen die Resultate der EDV-Verarbeitung sehr genau überprüft werden. Das geschieht am besten mit Hilfe von Testdaten, die möglichst alle vorstellbaren Geschäftsvorfälle widerspiegeln, also auch die nur sehr seltenen. Je besser und je ausführlicher die Testdaten die tatsächlichen Vorfälle darstellen, desto ausgereifter werden die Programme sein.

Zum wiederholten Male sei darauf hingewiesen, daß sich der Sachbearbeiter darüber klar sein muß, daß Änderungen in der Testphase oft sehr teuer sind. Häufig bedingt eine „kleine Änderung" eine Veränderung eines großen Teils des Programms, manchmal kann sogar durch eine „kleine Änderung" die ganze Programmlogik umgeworfen werden, was ein Neuschreiben des Programms zur Folge haben könnte.

Wichtig ist, daß bereits in diesem Zeitraum die Sicherheit der zu verarbeitenden Daten gewährleistet werden muß. Neben den Vorschriften der Handelsgesetze, des Steuerrechts usw. sind heute auch die Vorschriften des Datenschutzgesetzes zu beachten.

Es ist auch von den Fachabteilungen festzulegen, an welchen Stellen im Programmablauf Kontrollen eingebaut und Abstimmungen durch die Programme automatisch vorgenommen werden sollen. Dabei muß überlegt werden – zusammen mit dem EDV-Fachmann – welche Kontrollen sinnvoll sind und welche besser vom Sachbearbeiter außerhalb der Programme durchgeführt werden sollen. Das ergibt sich z.B. auch daraus, wieviele Dateien vom Programm schon eröffnet wurden, aus der Arbeitsspeicherbelegung usw. Dabei muß festgelegt werden, wer für die Fehlersuche und -behebung der durch die EDV festgestellten und angezeigten Fehler verantwortlich ist.

Weiterhin legt die Fachabteilung zur Ergänzung der Arbeitsablaufbeschreibung noch schriftlich fest:

1. Die Eingabedaten
2. Die Ausgabedaten
   + wie sollen die Daten ausgegeben werden
     ++ am Bildschirm (es empfiehlt sich, die Möglichkeit der Bildschirmanzeige für alle Daten vorzusehen, also auch Statistikangaben usw.)

++ am Drucker (hierbei müssen ggf. auch die Abgrenzungs- und Sortierungsmöglichkeiten festgelegt werden, z.B. soll eine Verkaufsstatistik nicht nur nach Zeitraum und von/bis Artikelnummer gliederbar sein, sondern ggf. auch nach Vertreter, Kundenmerkmal etc.)

3. Nach welchen Regeln die Verarbeitung stattfinden soll
4. Welche Formulare ausgedruckt werden sollen bzw. wie die Ausgabedaten geordnet werden sollen.

9.3 Programmentwurf NOTDRUCK

Um bei Störungen bei der Ausgabe am Drucker die zu verarbeitenden Daten zu erhalten, hat sich in der Praxis der sogenannte NOTDRUCK bewährt. Er bewirkt, daß Werte nicht fortgeschrieben werden oder Sortierungen erhalten bleiben bevor nicht der Druck *einwandfrei* beendet wurde. Es empfiehlt sich, bei allen Programmen, in denen nach dem Druck Bestände fortgeschrieben werden, Buchungen in der FIBU erfolgen oder bei denen dem Druck lange Verarbeitungszeiten vorangehen, das NOTDRUCK-Programm einzurichten, damit bei Störungen bei der physischen Ausgabe (z.B. Papierstau am Drucker) die ursprünglichen Werte nochmals ausgedruckt werden können. Dies erreicht man dadurch, daß die Verarbeitungsprogramme in einzelne Schritte unterteilt werden.

Vor Weiterverarbeitung (z.B. Verbuchung) wird eine Abfrage eingebaut, ob der Druck ordnungsgemäß beendet ist. Bei Eingabe „Ja“ läuft das Programm weiter, bei „Nein“ wird der Druckvorgang wiederholt. In der Praxis hat sich gezeigt, daß dadurch sehr viel Zeit gespart werden kann, denn man muß nicht ständig den Drucker beobachten. Beispiele für solche Programmabläufe mit Notdruck bieten die Abbildungen 9.2 und 9.3. Natürlich sind diese Darstellungen stark vereinfacht, in Wirklichkeit bestehen die Programme aus viel mehr Schritten.

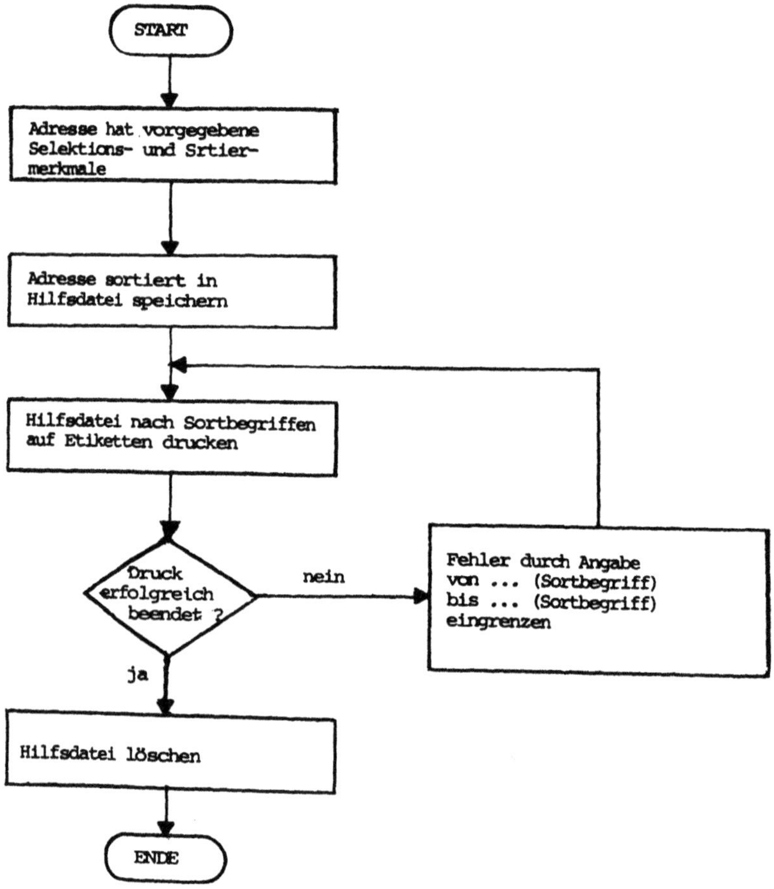

Bild 9.2

Rechnungsdruck

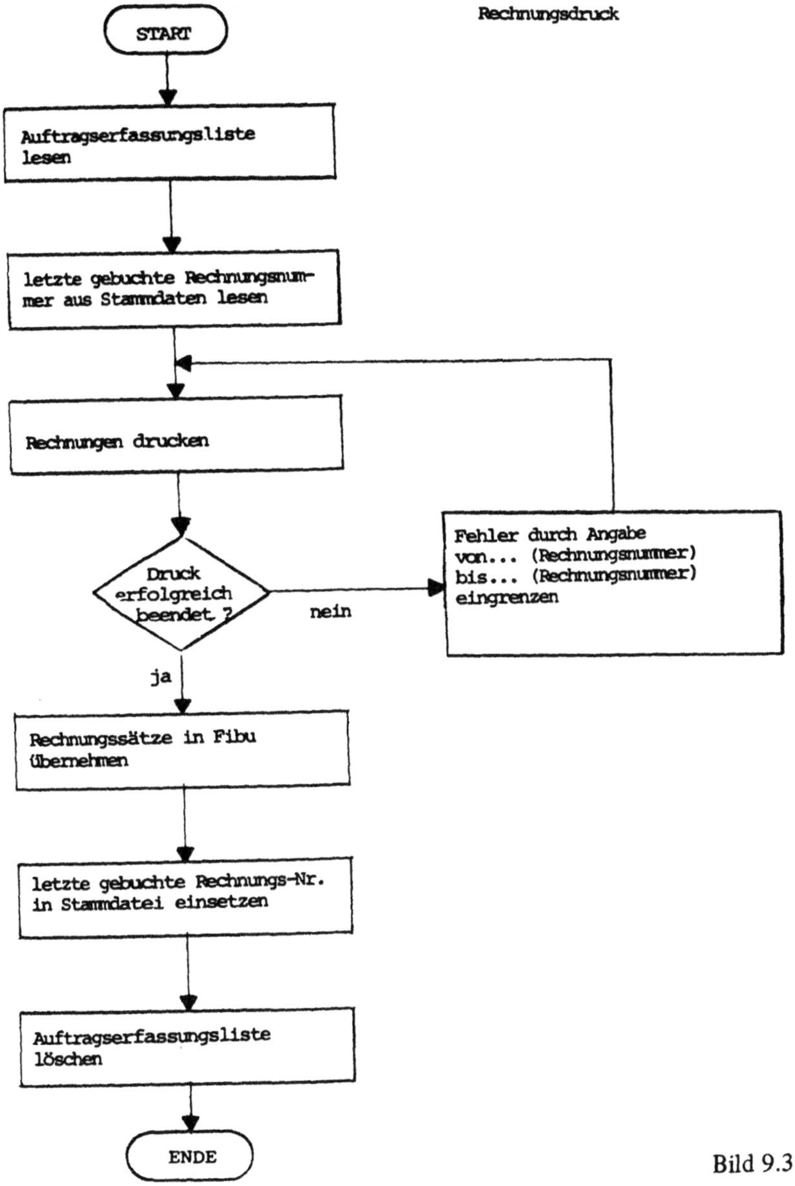

Bild 9.3

9.4 Testen

Will man einen einwandfreien Test des Programms erreichen, ist es unbedingt notwendig, die Testbeispiele und den Testablauf zu kontrollieren. Allgemein gesehen sollte folgendes beachtet werden:

- Werden alle Programmzweige durch die Testbeispiele angesprochen?
- Werden alle bedingten Verzweigungen nach beiden Richtungen (JA/NEIN) angesprochen?
- Werden der 1. Satz und der letzte Satz richtig verarbeitet?
- Stimmt die Folgekontrolle?
- Werden bei Ende einzelner Daten Ende-Bedingungen ordnungsgemäß ausgeführt?
- Sind bei mehreren Dateien die möglichen Ende-Kombinationen erfaßt und getestet?
- Werden die gesetzten Programmschalter richtig behandelt?
- Werden alle Gruppenwechsel getestet?
- Werden alle programmierten Fehlerbedingungen getestet (auch diejenigen, die das Betriebssystem anzeigt)?
- Werden alle Rechenoperationen auf Ergebnis, Vorzeichen, Rundung, Kapazität für Maximalzahlen getestet?
- Ist Wiederanlauf-Verfahren enthalten?
- Stimmen Papiertransport, Eröffnungs- und Abschlußroutinen?

Testvoraussetzung

- Ist das Testbeispiel gut vorbereitet und erstellt?
- Ist dessen Vollständigkeit und Richtigkeit gewährleistet?
- Sind die Testdateien und einzelnen Testfälle eindeutig bezeichnet (z.B. Sätze durchnumeriert, Dateien mit entsprechenden Kennungen versehen usw.)?
- Sind die einzelnen Testdaten und Testdateien und Programme ausgelistet?
- Stehen alle Unterlagen über Organisation der gespeicherten Daten zur Verfügung, wie z.B. Dateinamen, Satzaufbau usw.?
- Sind die Ergebnisse des Testbeispieles so aufbereitet, wie sie beim Testlauf auf der Maschine anfallen (Listen, Ausgabedateien usw.)?
- Wann wird getestet?

- Welche Mitarbeiter sind beim Testlauf anwesend?
- Ist sichergestellt, daß Programmänderungen während des Testlaufs an der Maschine nicht vorkommen können?
- Ist vorgesehen, den Testablauf schriftlich festzuhalten?
- Steht notwendiges Hilfsmaterial (Wechselplatten, Disketten, Magnetbänder, Papier usw.) zur Verfügung?

Programmtest

Die Testergebnisse (Ausgabelisten, Ausdrucke von Dateiinhalten usw.) werden zunächst vom Programmierer sorgfältig kontrolliert und die Tests bis zur vollständigen Richtigkeit des Programmablaufs wiederholt. Stimmen die Ergebnisse, dann sollte die entsprechende Fachabteilung die Ausgaben überprüfen und zwar sowohl auf inhaltliche Richtigkeit als auch auf äußerlich richtige Anordnung. Oft werden erst zu diesem Zeitpunkt logische Fehler aufgedeckt, etwa der, daß eine Rücksendung einer Ware zwar sachlich ein Zugang des Gutes im Lager ist, aber kein Wareneingang, sondern ein negativer Verkauf. Ähnliche Beispiele lassen sich recht häufig finden.

Es hat sich als zweckmäßig herausgestellt, wenn die Prüfung der Ausgaben von der Fachabteilung unabhängig vom Programmierer durchgeführt wird, damit der Sachbearbeiter nicht vom Denkschema des Programmierers beeinflußt wird. Einen Fehler wie den in dem obigen Beispiel könnte man sonst zu leicht übersehen, da ja der Endbestand „stimmt".

Bei dieser Prüfung muß jedoch die Fachabteilung der Versuchung widerstehen, Änderungswünsche vorzutragen, die eigentlich in die Planung gehört hätten. Es wurde schon früher darauf hingewiesen, daß dadurch teilweise ganz erhebliche Kosten anfallen können, die natürlich nicht von der EDV-Abteilung (Software-Haus!) getragen werden.

Jede Programmänderung erfordert einen neuen Testlauf und eine neuerliche Überprüfung der Testergebnisse.

Wenn alle Ergebnisse und alle Ausgaben (sowohl über den Bildschirm als auch über den Drucker) den Planungen entsprechen, wird das Programm „übernommen". Auch das sollte formalisiert sein: Die Fachabteilung bestätigt auf einem Ausdruck schriftlich, daß alle Prüfungen von ihr durchgeführt wurden und keine Beanstandungen mehr bestehen.

Kettentest

Als einen Kettentest bezeichnet man einen Testlauf dann, wenn die EDV-Gesamtorganisation eines ganzen Bereichs oder/und die Übergangsstellen (Schnittstellen) von Abteilung zu Abteilung überprüft werden.

Voraussetzung ist natürlich, daß
- alle Stamm- und Bestandsdateien erstellt sind
- alle Programme ausgetestet sind
- die betroffenen Bearbeiter (Abteilungsleiter!) informiert und anwesend sind
- die Testdaten von allen betroffenen Abteilungen geprüft und ausgewertet sind.

Es wird vor allem getestet

- die Einwirkungen verschiedener Programme auf die einzelnen Dateien
- der störungsfreie gleichzeitige Zugriff von verschiedenen Terminals auf gleiche Programme und Dateien
- die Übernahme in und aus Schnittstellendateien

Wie bei allen Testläufen sind natürlich auch bei Kettentests die Ein- und Ausgabedaten festzuhalten, die Dateien auszulisten (vorher/nachher) und die Testergebnisse zu protokollieren. Auch hier erfordern Änderungen, Fehlerbehebungen etc. neue Testläufe von Anfang an.

Testbeispiele

Daten für Hauptroutinen (Normalfälle)
Daten für Nebenroutinen (Sonderfälle)
Daten für Fehlerroutinen (falsche Daten)

ergeben Testbeispiele!

Daraus ergeben sich die verschiedenen Tests für den Programmierer und letztendlich den kompletten Programmtest.

Die zuständige Fachabteilung bringt praktische Beispiele ein. Daraus resultieren dann die beschriebenen Kettentests.

Testbeispiele sollten folgende Punkte berücksichtigen:

- Simulation mehrerer Abrechnungsperioden
- Einfache Beispiele mit richtigen Ergebnissen

- Komplizierte Beispiele mit richtigen Ergebnissen
- Einfache Beispiele mit Fehlern
- Kompliziertere Beispiele mit Fehlern.

Verantwortlich für die Richtigkeit, Vollständigkeit und Pünktlichkeit der Erstellung der Beispiele sind die zuständigen Fachabteilungen.

Testfirma

Bei den meisten (?) Anlagen der Mittleren-Daten-Technik ist es möglich, eine Testfirma einzurichten. Das geht bei allen Anlagen, die als mandantenfähig bezeichnet werden.

Die Testfirma wird dort in der Weise eingerichtet, daß alle Programme, die überhaupt auf der Anlage zur Verfügung stehen, auch durch die Testfirma aufgerufen werden können. Die Testfirma erhält aber eigene Dateien, die natürlich einen viel geringeren Umfang haben müssen als bei einer realen Firma. Muß man z.B. davon ausgehen, daß eine reale Firma tausend Kunden hat, so kann man diese in fünf oder zehn Kundentypen einteilen. In der Datei der Testfirma kommt man dann mit je einem Satz für jeden Kundentyp aus. Also etwa

Typ I: Kunde mit Vertreterbetreuung
Typ II: Kunde ohne Vertreterbetreuung
Typ III:Kunde Typ I mit Umsatz über DM X pro Periode
Typ IV:Kunde Typ II mit Umsatz über DM X pro Periode
Typ V: Auslandskunde
usw.

Ähnlich richtet man andere Dateien mit einer geringen Anzahl von Sätzen ein. Es ist allerdings zweckmäßig, die Dateien nicht zu klein zu wählen, sondern immer den auf der Magnetplatte beanspruchten Mindestplatz auch auszunutzen.

Nun hat man die Möglichkeit, Programmänderungen bei laufender Anlage mit realen Daten zu testen, insbesondere Kettentests beliebig oft durchzuführen, um zu sehen, wie sich die Programmänderung bei Durchführung der gesamten Verarbeitung der Vorfälle auswirkt. Man kann nun auch die Auswirkungen auf die Buchhaltung, Steuerkonten, Bankkonten usw. testen, ohne daß die in der Anlage befindlichen Konten der realen Firma verändert werden. Nach Abschluß des Tests löscht man die Inhalte der verschiedenen Dateien mit Hilfe der Dienstprogramme. Nun steht die Testfirma wieder für einen neuen Testlauf zur Verfügung.

Diese Möglichkeit des Tests wird durch nichts übertroffen. Alle Bedingungen der Praxis können in der Testfirma abgebildet werden. Bei Programmänderungen, Ergänzungsprogrammen zu implementierten Systemen und der Einführung von neuen Systemen kommt man zu wirklich ausgetesteten, später fehlerfrei laufenden Programmen, die den Anforderungen voll entsprechen.

10. Beispiele für Computerdialoge

- *MATERIALWIRTSCHAFT / EINKAUF.* Am Bildschirm erscheint nach dem Einschalten des Gerätes folgendes Grundbild:

  - HEUTE IST DER 19.3.1982. ES IST 8.45 UHR

    SIE HABEN FOLGENDE ABFRAGEMOEGLICHKEITEN:

    1 = BESTELLUNGEN EINKAUF
    2 = ABFRAGE BESTELL-, LIEFERANTEN-, ANFORDERUNGSDATEI
    3 = EINSPEICHERUNGEN LIEFERANTEN
    4 = ABFRAGE WARENEINGANG
    10 = UMSCHALTEN ANWENDUNG

    BITTE GEWUENSCHTE TASTE DRUECKEN.
    WIR WUENSCHEN EINEN ANGENEHMEN ARBEITSTAG.

Sollen Einspeicherungen vorgenommen werden, muß die entsprechende Taste gedrückt werden. Danach erscheint z.B. das Bild:

BESTELLSCHREIBUNG

SIE HABEN FOLGENDE MOEGLICHKEITEN:

KODE *E* = EROEFFNUNG BESTELLUNG
K = EROEFFNUNG BESTELLUNG KONTO
A = AENDERUNG BESTELLUNG
L = LOESCHUNGEN BESTELLUNGEN
1 = AUFTRAGSBESTAETIGUNG
M = EINSPRUCH

BITTE GEBEN SIE GEWUENSCHTEN KODE AN. DANACH ANFORDERUNGS-, BESTELL-, LIEFER-NR!

KODE:
NR.:

Bei Abfragen aus der Einkaufsdatei muß beispielsweise die Taste „E" gedrückt werden. Dies löst das Bild Abfrage Einkaufsdateien aus:

EINKAUFSDATEIEN

SIE HABEN FOLGENDE MOEGLICHKEITEN:

KODE *1* = BESTELLDATEI
2 = BESTELLNUMMERDATEI
3 = ANFORDERUNGSDATEI
4 = LIEFERANTENDATEI
5 = TAGESSPEICHER

BITTE GEBEN SIE GEWUENSCHTEN KODE UND ANFORDERUNGS-NR. BZW. LIEFER-NR. EIN:

KODE:
ANFORDERUNGS-, LIEFER-NR:

In der Bestelldatei (Kode 1) sind alle Bestellungen enthalten, die der Einkauf an Lieferanten getätigt hat. Nach Eingabe des Kodes *1* und der Anforderungsnummer, muß die Taste Datenfreigabe gedrückt werden. Nun erscheint auf dem Bildschirm:

```
                    B E S T E L L D A T E I - A U S Z U G
                    -------------------------------------
ANFORDERUNGS-NR:
MBKL 491900
BEST-NR.       WERK-NR.   IND. LFD. LIEF-NR.       TERM.     D-TERM
861953         408020     115  035  60038428       4082

TEILE-NR.                 MENGE-1   ME      MENGE-2     MWST          PREIS  PE
2841128262                      1   2           ,00     13            81,60  A
PREISFAKTOREN 1 BIS 7
CODE   DM/FAKTOR   CODE   DM/FAKTOR   CODE   DM/FAKTOR  CODE   DM/FAKTOR
RA     % 20,00     RA     % 15,00                  ,00               ,00

CODE   DM/FAKTOR   CODE   DM/FAKTOR   CODE   DM/FAKTOR
             ,00                ,00                ,00

OBLIGO-PREIS          BESTELL-DAT       LKZ      EK-SYM    LIEF-SYM  VERS-SYM
       55,49          230782                     LE        AWA       SPED

WUENSCHEN SIE EIN WEITERES FELD ZU SEHEN, GEBEN SIE BITTE DIE FELD-NR. EIN
FELD:   _
```

Bild 10.1

Nach Eingabe der gewünschten Feld-Nr. wieder die Datenfreigabe-Taste drücken.

Bei der Abfrage der Bestellnummerdatei (Kode 2) werden all Anforderungsnummern angezeigt, die an eine Bestellnummer gebunden sind.

Die Eingabe der Bestell-Nr. 6-stellig ohne Bindestrich. In der Anforderungsdatei (Kode 3) sind alle Anforderungen gespeichert, die noch zu keiner Bestellung durch den Einkauf geführt haben. Kode-Nr. *3* und 11-stellige Anforderungsnummer eingeben. Datenfreigabetaste drücken. Es erscheint:

	ANFORDERUNGSDATEI		DATUM: 25.3.82
ANFORDERUNGS–NR.: 123 123 275 11			
WERK-NR.: 413 512	DISP.: H 60	TERMIN: 19.3.82	TEILE-NR.: 84 711 0012
TEILEART: V	AUSST.-DATUM: 13.3.82	LIEF.:NR: 823 000 11	LAGERORT: 240

Die Abfrage der Lieferantendatei (Kode 4) löst die Anzeige des Lieferantenstammes aus. Nach Eingabe von Kode *4*,Eingabe der 8-stelligen Lieferanten-Nr. und Drücken der Datenfreigabe-Taste erscheint folgendes Bild:

LIEFERANTEN-DATEI DATUM 25.3.82
LIEFERANTEN-NR.: 010 123 44 FIBU-NR.: 23122
ANSCHRIFT: HANS BADE
PLZ: 7000 ORT: STUTTGART
STRASSE: KOENIGSTR. 44
ZIEL: 010 SKONTO: // DATUM LETZTE BESTELLUNG: 12.8.81

Die Abfrage Tagesspeicher (Kode 5) gibt die Möglichkeit sämtliche Einspeicherungen des Lfd.-Tages nochmals anschauen zu können. Eingabe Kode *5* und Bestellnummer. Drücken der Datenfreigabe-Taste.

– *STUECKLISTENWESEN.* Nach Einschalten des Bildschirmes erscheint das Grundbild:

– HEUTE IST DER 19.3.82. ES IST 8.45. UHR.
SIE HABEN FOLGENDE ABFRAGEMOEGLICHKEITEN:

1 = ABRUF TEILESTAMM
2 = ABRUF TEILEVERWENDUNG
3 = ABRUF NEUTRALE STUECKLISTE
4 = ABRUF AUFTRAGS-STUECKLISTE
5 = ABRUF NEUTRALER ARBEITSPLAN
6 = ABRUF AUFTRAGS-ARBEITSPLAN
10 = UMSCHALTEN ANWENDUNG

BITTE GEWUENSCHTE TASTE DRUECKEN!
WIR WUENSCHEN EINEN ANGENEHMEN ARBEITSTAG.

Bei Drücken der Taste 2 (Abruf Teileverwendung) erscheint am Bildschirm:

TEILEVERWENDUNG DATUM: 19.3.82

SIE HABEN FOLGENDE MOEGLICHKEIT:

KODE *B* = BAUKASTEN-TEILEVERWENDUNG
S = STRUKTUR- UND TEILEVERWENDUNG
U = UEBERSICHTS-TEILEVERWENDUNG

BITTE GEBEN SIE GEWUENSCHTEN KODE UND ENTSPRECHENDE TEILE-NR. EIN:

KODE: B
TEILE-NR. 51 262-106

Nach Drücken der Taste Datenfreigabe erscheint zunächst der Text:

„TEILEVERWENDUNG WIRD AUFGELOEST!
BITTE HABEN SIE KURZE ZEIT GEDULD.“

Je nach Umfang der Teileverwendung kommt kurze Zeit danach die Teileverwendung:

```
                     BAUKASTEN-TEILEVERWENDUNG                     SEITE: 001
                     TEILE-NR:  53570-17-06          ME: 2 PREIS:        0,000
                     ZG.NR: C 53570-17-06            TEILEART: B
GRUPPEN-NR:           MGE   SMGE          BEMERKUNG:
53570-17                1    0,00             LFD 006 00   FORM. A
53570-19                1    0,00             LFD 006 00   FORM. A
     ***ENDE DER TEILEVERWENDUNG***
** E N D E   D E R   A U S G A B E *******




         NEUE TNR AUSW: 53570-17-06              STL=S/TV=T: T CODE=B/M: B
       PA1=NAE.BLATT / PA2=ZURUECK BLAETTERN
```

Bild 10.2

Die Teileverwendung ist so wichtig für die gesamte Materialwirtschaft und das Stücklistenwesen, daß die verschiedenen Möglichkeiten kurz erläutert werden:

Teileverwendungsnachweis in Baukastenform:

In der Baukastenform enthält der Teileverwendungsnachweis nur die direkten Verwendungen eines Teiles in allen übergeordneten Baugruppen. Bei Änderungen kann vor Durchführung nochmals gesehen und überprüft werden, welche Auswirkungen gegeben sind.

Teileverwendungsnachweis in Strukturform:

Aus dieser Teileverwendung geht hervor, in welchen Untergruppen, Baugruppen und Erzeugnissen ein Teil enthalten ist. Der Strukturnachweis zeigt, wie ein Teil über mehrere Stufen in einem bestimmten Erzeugnis vorkommt. Bei den Planungen und Überlegungen von Änderungen vermeidet man durch den Strukturnachweis ein mehrfaches Suchen in einzelnen Teileverwendungsnachweisen, die ja nur über eine Stufe gehen, d.h. nur die direkte Verwendung eines Teiles kennzeichnen.

Teileverwendungsnachweis in Übersichtsform:

In diesem Verwendungsnachweis sind alle direkten und indirekten Verwendungen eines Teiles aufgezeichnet. Dabei wird die benötigte Menge jeweils festgehalten. Diese Art des Teilenachweises ist besonders für die Disposition und die Kostenrechnung interessant.

Zur Abfrage von neutralen Stücklisten wird wieder eine bestimmte Taste gedrückt. Er erscheint folgendes Bild:

NEUTRALE STUECKLISTE DATUM: 19.3.82

SIE HABEN FOLGENDE MOEGLICHKEITEN:

KODE *M* = MASCHINEN-STUECKLISTE
B = BAUKASTEN-STUECKLISTE
S = STRUKTUR-STUECKLISTE
U = UEBERSICHTS-STUECKLISTE.

BITTE GEBEN SIE GEWUENSCHTEN KODE UND TEILE-NR.EIN:

KODE:
TEILE-NR.:

Eine kurze Erklärung der unterschiedlichen Stücklisten zeigt die besonderen Eigenschaften der speziellen Stückliste auf.

Wie bei der Teileverwendung gibt es auch bei den Stücklisten die Möglichkeit, einen Sofortausdruck über einen Terminaldrucker zu erhalten.

Baukasten-Stückliste:

Diese Stückliste enthält nur die Einzelteile, die direkt in die angesprochene Baugruppe eingehen. Jeder Zusammenbau, der in einer eigenen Stückliste erfaßt ist, kann eine konstruktive und fertigungstechnische Gruppierung darstellen und darüber hinaus als zu lagernde Baugruppe im

Nettobedarf ermittelt und in wirtschaftlichen Losgrößen disponiert werden. Weitere Vorteile:

Je Baugruppe gibt es eine Stückliste, in der alle zwischengelagerten Baugruppen und die zum Zusammenbau erforderlichen Einzelteile aufgeführt sind. Die Mengenangaben beziehen sich lediglich auf die Einheit der entsprechenden Baugruppe. So ist es möglich, Baugruppen, bei denen eine häufige Wiederverwendung vorliegt, nur einmal aufzuführen.

Struktur-Stückliste

In der Struktur-Stückliste sind je Erzeugnis oder Hauptgruppe nicht nur die Einzelteile, sondern auch die Baugruppen und deren Untergruppierungen aufgeführt. Die Mengenangaben sind auf das Erzeugnis bezogen, d.h. bei jedem Gruppen- oder Einzelteil ist die Menge angegeben, mit der es insgesamt in das Erzeugnis eingeht. Bei den Gruppierungen handelt es sich meist um konstruktiv und fertigungstechnisch wichtige Baugruppen, die möglicherweise nicht lagermäßig verbucht werden. Während bei der Übersichts-Stückliste die Einzelteile in laufender Folge angegeben sind, werden sie hier den gewünschten Gruppen zugeordnet. Vorteile sind, daß seitens der Konstruktion und der Fertigung Baugruppen stücklistenmäßig erfaßt, aber nicht lagerhaltig geführt werden müssen. Solange die Stückliste nicht zu umfangreich wird, ist die Struktur und Gliederung übersichtlich. Nachteile ergeben sich bei den Wiederholungsgruppen, insbesondere für den Änderungsdienst. Auch mit Hilfe eines Teileverwendungsnachweises ist es schwierig, bestimmte Baugruppen und Teilepositionen in den verschiedenen Stücklisten zu finden.

Übersichts-Stückliste

In dieser Stückliste sind je Erzeugnis oder Erzeugnis-Hauptgruppe nur die Einzelteile mit ihren Mengenangaben aufgeführt. Konstruktive oder fertigungstechnische Gruppierungen und vormontierte Baugruppen sind in einer Übersichts-Stückliste nicht enthalten. Ein wesentlicher Vorteil der Übersichts-Stückliste ist die Übersichtlichkeit und einfache Benutzung. Nachteilig ist, daß aus dieser Stückliste die jeweilige Gruppenzugehörigkeit nicht zu erkennen ist und dies zur Vormontage unbedingt notwendig ist.

Beispiel für Bildschirmanzeige *STRUKTURSTUECKLISTE*:

STRUKTUR-STUECKLISTE DATUM: 19.3.82

STUECKLISTEN-NR.: 53 755-121
BENENNUNG: SCHNECKENGEHAEUSE

STUFE	TEILE-NR:	MENGE	ME
. 1	50 961-109 H1	1	2
. . 2	50 961-109 H1-01	1	2
. . . 3	309 385-0260	1	2
. . 2	244815-0112-0032	8	2
. . . 3	116 622-0100	1	1
. . 2	244815-0115-0064	1	2
. . . 3	116 625-0500	1	1
. . 2	244815-0115-0040	2	2

Beispiel für Bildschirmanzeige *UEBERSICHTSSTUECKLISTE*:

UEBERSICHTS-STUECKLISTE DATUM: 19.3.82

STUECKLISTEN-NR.: 52 312-013
BENENNUNG: SCHNECKENGEHAEUSE

TEILE-NR.:	GES. MENGE	ME
50 012-15	12	2
008 001-1602	8	2
320131-3013-2022	4	2
50 961-109-105	2	2
50 961-109-03	10	2
123 711-0220	8	1

```
13.07.82   6.07.82 LEE  KCA UK900AS     12.08.8290743 A 400820/115
              1 VAKUUM-DECKEL                              50315-399
   400820                              DISPL-NR.0001966 A 50315-399

      BTERM= 42.82 RTERM= 27.82 WTERM= 30.82   ** FEU ** 23.08.82
              01 2-TEILIG GESCHLICHTET
00 001        1 VAKUUM-DECKEL, BEWEGLICH            50315-399H1          GE
                                                    A 50315-399H1        116
              01 STAHLAUSFUEHRUNG GESCHLICHTET
00 002        1 FESTER DECKEL GESCHLICHTET          50315-399H2          GE
                                                    C 50315-399H2        118
00 003        1 TRAVERSE                            50315-399-03         BE
  115193-9030 ST 52-3     95X95      0000   01344 E 50315-399-03         VE
00 004        1 DECKELLAGER 40 D                    50597-114H53         GE
                                                    E 50597-114H53       121
              01 RECHTS
00 005        1 DECKELBAND, RECHTS                  50597-215H109        GE
                                                    E 50597-215H109      122
00 006        1 DECKELBAND, 1INKS                   50597-215H110        GE
                                                    E 50597-215H110      123
00 007        2 DECKELBANDLAGER                     50597-415-03         BE
NEUE AUSWAHL CODE:  3  WERKNR:  400820   115   000  AKZ:        TEILE-NR:
                          PA1 = NAECH.BLATT, PA2 = ZURUECK
```

Bild 10.3

Beispiel für Bildschirmanzeige *MASCHINENGRUPPENVERWENDUNG*:

Durch Eingabe des Suchbegriffes (Maschinengruppe, z.B. 00102) und dem Bearbeitungskode „N“ wird die Maschinengruppenverwendung angezeigt, d.h. welche Teile werden auf der angegebenen Maschinengruppe mit welchen Arbeitsgängen und Zeiten bearbeitet.

MASCHINENGRUPPENVERWENDUNG DATUM: 19.3.82

SUCHBEGRIFF: 00102 BEARB.-KODE: N BEZ.: REV.DREHM.

IDNR.	L	AG	POS.	TR	TE	LG	PL
08110	1	010	000	40	0,70	6	
08982	1	010	000	35	1,30	6	
09491	1	020	000	20	0,20	5	
09499	1	020	000	20	0,25	5	
09118	1	030	000	20	0,60	6	4
10341	1	010	000	30	0,55	6	
11036	1	020	000	20	0,20	5	
11072	1	010	000	25	1,00	7	1

Beispiel für Bildschirmanzeige *VORRICHTUNGSVERWENDUNG*:

Durch Eingabe des Suchbegriffes (Werkzeug- oder Vorrichtungs-Nr. z.B. 69 799) und dem Bearbeitungskode „V" wird die Werkzeug- und Vorrichtungsverwendung angezeigt, d.h. welche Teile werden mit dem Werkzeug oder der Vorrichtung der angegebenen Nr. bearbeitet.

VORRICHTUNGSVERWENDUNG: DATUM: 19.3.82

SUCHBEGRIFF: 69 799 BEARB.-KODE: V BEZ.: SPANNVORR!

IDNR.	L	AG	POS	TR
11 543	1	130	020	BOHREN D5
13 553	1	120	020	BOHREN D4,2
11 791	1	050	020	BOHREN D6, 8
11 805	1	040	030	SENKEN 2 × D 6
11 927	1	030	020	BOHREN 3 × D 5
11 929	1	030	030	BOHREN 1 × D 4,7
11 962	1	030	020	BOHREN 2 × D 2

Beispiel für Bildschirmanzeige *FERTIGUNGSSTEUERUNG*:

Nachdem das Grundbild für die Fachbereiche Arbeitsvorbereitung/Fertigungssteuerung vorliegt, wird durch die Kennung FST folgendes Bild geholt:

FERTIGUNGSSTEUERUNG DATUM: 19.3.82

AUFTRAGS-NR.:	IDENT-NR.:	ZEICHN.-NR.:	BEZEICHNG:	PRIO:
1 62900	14 462	0-470,803	WINKEL	1

AUFTRAGS-STUECK: 50
LAGERBESTAND: 0 BESTELLMENGE: 50
FERTIG BIS AG

AG	SCHL	MGR	KURZTEXT	LG	WOCHE	TERMIN	TERMIN	EINH	TR	TE
01	+	502	Absä	–	17	9.15	9.20	005	000	0,00
02	+	406	Baschl	05	17	9.16	9.20	004	010	0,90
03		203	V-Frä	07		9.17	9.20	003	020	2,30
04		300	Bo	05		9.18	9.20	002	020	2,50
05		004	Kontr			9.20	9.20	000	000	0,00
06		707	Lacki	07		9.19	9.20	001	000	0,00
07		004	Kontr.			9.20	9.20	000	000	0,00

Beispiel für Bildschirmanzeige *KOSTENRECHNUNG*:

Im Grundbild „Datenverwaltung im Dialog für den Fachbereich Kostenrechnung“ wird der Schlüssel APL – 11 400 angegeben. Dies löst folgendes Bild aus:

ARBEITSPLAN DATUM: 19.3.82

IDNR: 11 400 APNR: 1 BEN.: TRAGSTUETZE KLSNR.: 0-444.034

ARBEITSGANG (TEXT)	AG	POS	A	TR. .N	TE. . .S	LG	KST
LAGERN	010	000	N	000	0,00		
H-FRAE	020	000	N	100	11,50	06	420
ENTGR	030	000	N	010	1,00	06	453
DRE	040	000	N	040	6,00	07	410
H-FRAE	050	000	N	060	11,30	07	420
V-FRAE	060	000	N	100	16,10	06	420
ENTGR	070	000	N	010	1,00	06	453

Beispiel für Bildschirmanzeige *EINKAUF*:

Im Grundbild für den Fachbereich Einkauf wird der Schlüssel BES-15 305 angegeben. Dies löst das gewünschte Bild aus:

	OFFENE BESTELLUNGEN				DATUM: 19.3.82		
IDENT-NR.:	KLASS.-NR.:		BEZEICHNUNG:	ME:	KA:	DF:	ABC: LAGERBEST:
15 305	0-702.530		MESSER	00	1	1	A RES.
NR.	J.TAG	MENGE	ME	WARENEINGANG	LF-NR.	L-TERM.	AUFTR.
053 388	8.026	000 400	00	9.036 000 000	87 363	99.9	K71/229
053 389	8.026	000 400	00	0.000 000 000	87 363	02.0	K71/229
203 559	7.125	000 200	00	8.298 000 200	73 984	99.9	12.5.77
303 559	7.125	000 500	00	0.000 000 000	73 984	02.0	12.5.77
403 559	7.125	000 500	00	0.000 000 000	73 984	06.0	12.5.77

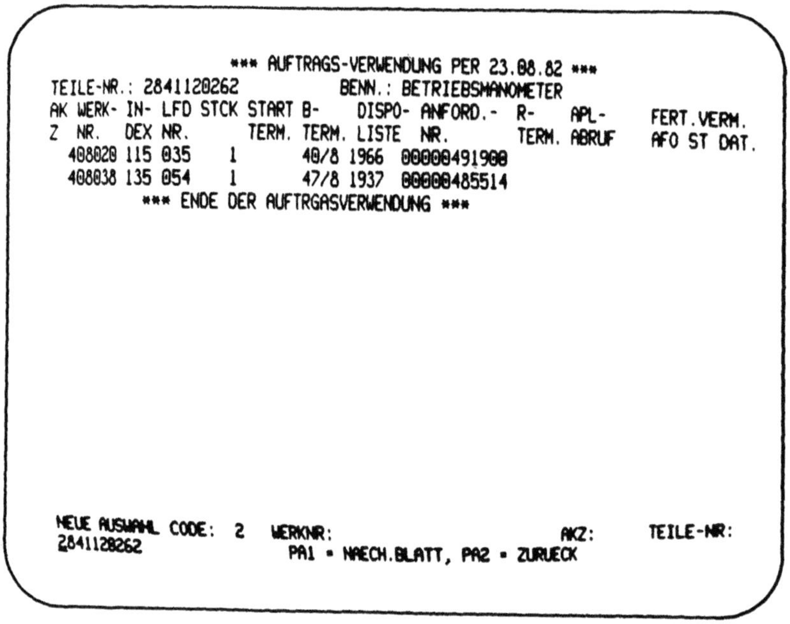

Bild. 10.4

```
                    T E I L E S T A M M - A U S Z U G
                    ---------------------------------
TEILE-NR:   284112-0262                              STAND:  23.08.82

BENENNUNG:                               MASCH-TYPE  BR  TA STAT AEBU NAME KSTR
 BETRIEBSMANOMETER                                   5   K   A

EINK DISP MAT-KONTO  LORT   LAGERFACH   WERKSTOFF    MODELL/PROFIL      KZ-RB
 L   53     71050     240

KS   ABW    AUSSCH%    VERR-PREIS   EINST-PREIS  DURCH-PREIS  LETZTE BESTELLNR
04                         0,001        60,030        0,000     861953

MENGE I(VOLL)  MENGE II(ABW)  WERT I+II  BESTAND-MAT04 LETZ.ZUG. LETZ.ABGANG
      0,0            0,0           0,00           0,0    7.82

LETZ.INV.  KZ.EA-PREIS   VERK-PR.EA  KOERP.BEST.EA  VERF.BEST.EA   ABC-ALT NEU
                          ANFRAGE KA        0,0            0,0          C      C
WUENSCHEN SIE WEITERE DATEN ZU SEHEN, GEBEN SIE BITTE GEWUENSCHTE FELD-NR EIN
ANZEIGEN FELD-NR-VERZEICHNIS MIT ERLAEUTERUNGEN BITTE FELD-NR 01 EINGEBEN
FELD-NR:  00

 NEUE AUSWAHL TEILE-NR:  284112-0262                CODE:   1   CODE1:
 PA1 = NAECHSTES BLATT. PA2 ZURUECKBLAETTERN
```

Bild 10.5

```
                 PROVISIONS- U. STATISTIKDATEN


RECHNUNGS-NR.: 011108

WERK-NR.    MELDE-NR.    KUNDEN-NR.     ABTLG.      BUERO/BEZ1 BUERO/BEZ2
 890360      324539       1105300       VBI           003 010    000 000

LAND1   LAND2      R.-DATUM      B.-DATUM       ART.       TEILL.      BAEKO
 004     ...        130882        100882        0851

STCK.   GEWICHT         % EF1    % HW1       % EF2   % HW2
 000     000007         00000    00000       00000   00000

 BETRAG EF         BETRAG HW   NETTO-BETRAG         FRACHT   RE-GESAMTBETRAG
000025761         000001767     000000000        000002072      000029600

                                                                   LOESCHKZ
VI-PRAEMIE   VSP-PRAEMIE    UNTERPREIS
 000000000    000000000      000000000
```

Bild 10.6

11. Die Abschlußphase der EDV-Einführung

11.1 Benutzerhandbuch

Nach Einführung der EDV im Betrieb ist es notwendig, den Benutzern, d.h. den einzelnen Sachbearbeitern in den verschiedenen Fachabteilungen, eine Gebrauchsanweisung für die Arbeit mit der EDV an die Hand zu geben. Das ist insbesondere in Mittel- und Kleinbetrieben notwendig, die keine eigene EDV-Abteilung haben, damit bei Urlaub, Krankheitsfällen o.ä. sich die Vertreter der Sachbearbeiter schnell auch mit den Möglichkeiten der EDV vertraut machen können, die sonst nicht von ihnen selbst, sondern von dem zu vertretenden Kollegen ausgenutzt werden. Auch gibt es einige Programme, die nicht sehr häufig gestartet werden, sondern vielleicht nur einmal im Monat, im Extremfall sogar nur einmal im Jahr. Es ist leicht einzusehen, daß es sehr lange dauert, bis man mit solchen Programmen vertraut wird. Hier braucht man unbedingt eine Gebrauchsanweisung, aus der ganz klar hervorgeht

1. Wie das Programm heißt
2. Welche Arbeit durch das Programm durchgeführt wird
3. Welchen Zweck diese Arbeit hat
4. Wann das Programm gestartet werden muß
5. Wann das Programm nicht gestartet werden darf
6. Welche Eingaben verlangt werden
7. Welche Ausgaben die EDV macht
8. Wie das Programm aufgerufen wird
9. Wer berechtigt ist, das Programm zu benutzen
10. Nach welchen Eingaben das Programm (noch) abgebrochen werden kann
11. Nach welchen Eingaben das Programm gestartet wird
12. Welches Papier in den Drucker eingelegt werden muß
13. Wer den Ausdruck bekommt
14. Was nach Abschluß des Programms zu tun ist.
    (siehe Bild 11.1)

Es gibt noch einige Punkte mehr, die zu beachten sein könnten. Es mag z.B. notwendig sein, nach Abschluß eines Erfassungs-Programms sogleich ein Druckprogramm zu starten.

Programm-Name: RECHNUNGSDRUCK

System: FAKTURA

Startverteiler-Nr.: 2.15

Programm-Nr.: BOO150

Unterprogramme: BOO151
BOO152
BOO153
BOO154

Was wird mit diesem Programm gemacht? Es werden die Rechnungen gedruckt

Wann kann das Programm gestartet werden? Jederzeit nach Abschluss der Auftragserfassung.

Wann kann das Programm nicht gestartet werden? Wenn die Auftragserfassungsdatei von einem anderen VDT noch eröffnet ist

Welche Auswirkungen hat der Programmstart auf andere Programme? Die Auftragsdatei wird durch das Programm gesperrt. Keine Auftragserfassung von anderem VDT möglich.

Abfragen und Eingaben am Bildschirm:

RECHNUNGSDATUM:
Eingabe des Rechnungsdatums in der Reihenfolge TTMMJJ.
Bei Eingabe "Taste CR" wird das Systemdatum übernommen.
Vordatierung ist möglich.
LASTSCHRIFTDATUM:
Eingabe des Datums des Bankeinzugs TTMMJJ (Taste CR wird nicht angenommen.
DRUCKER?
Eingabe, über welchen Drucker der Rechnungsdruck erfolgen soll
PROBEDRUCK? J/N
Zur Papiereinrichtung im Drucker wird der Rechnungskopf mit XXXXX angedruckt, beliebig oft wiederholbar.
Programmstart? J/N
Bei Eingabe von J beginnt der Druck, bei N wird das Programm beendet.
RECHNUNGSDRUCK BEENDET!!!
NOTDRUCK? J/N
Bei Eingabe von N wird die Auftragsdatei gelöscht und das Programm BOO150 beendet. Die Auftragsdatei wird freigegeben, neue Auftragserfassung ist nun von beliebigen VDT wieder möglich
Bei J erscheint am Bildschirm
NOTDRUCK VON AUFTRAGSNUMMER:
BIS AUFTRAGSNUMMER:
Durch diese Angaben kann der Notdruck eingegrenzt werden.
Bei Eingabe von zweimal Taste CR wird die gesamte Auftragsdatei in den Notdruck genommen.
DRUCKERVORSCHUB NEU SETZEN? J/N
Bei J wird der Vorschub automatisch für Rechnungen neu eingestellt (nicht vergessen, Formulare am Drucker auf Kopfzeile zu setzen!!), bei N erscheint die Abfrage
PROGRAMMSTART? J/N
Bei J beginnt der Druck, bei N erscheint wieder die Abfrage
RECHNUNGSDRUCK BEENDET!!!
NOTDRUCH? J/N

Bild 11.1

Im Grunde genommen ist das Benutzerhandbuch eine Kombination von Programmbeschreibung und Arbeitsablaufbeschreibung, oft wird das Benutzerhandbuch für den Sachbearbeiter diese beiden Beschreibungen ersetzen, zum Teil sogar die Arbeitsplatzbeschreibung bestimmter Arbeitsplätze.

Je länger ein Sachbearbeiter mit den bestimmten Programmen arbeitet, desto seltener wird er das Benutzerhandbuch heranziehen. Er muß aber unbedingt darauf achten, daß in das Handbuch alle Änderungen eingetragen werden, die im Laufe der Zeit an den Programmen vorgenommen werden. Zwar wird die Organisation eines Betriebs insgesamt und der einzelnen Arbeiten durch den EDV-Einsatz oft etwas statischer, als das ohne EDV-Einsatz gewesen sein mag, ganz starr aber sollte die Organisation nicht werden. Einmal erfolgt schon durch die Software-Häuser eine Programmwartung, die oft nicht nur programmtechnische Vereinfachungen mit sich bringt, sondern auch organisatorische Verbesserungen ermöglicht. Das betrifft besonders die Dienst- oder Systemprogramme, aber auch den Bereich „Tägliche Arbeiten", und reicht bei Standardprogrammen bis in den Arbeitsablauf. Darüber hinaus wird im Laufe der Zeit der Sachbearbeiter selbst mit Änderungswünschen kommen, um die Arbeit zu vereinfachen. Schließlich können sich auch gesetzliche Bestimmungen ändern und Programmanpassungen notwendig machen.

Bei Personalwechsel oder im Vertretungsfall könnte es aber zu einer Menge unnötiger Arbeit, unnötigem Ärger und schlimmstenfalls zu zerstörten Dateien führen, würde nach einem Bedienerhandbuch gearbeitet, das nicht mehr dem aktuellen Stand entspricht.

11.2 Übernahme

Nach erfolgreichen Testläufen der einzelnen Programme und der übergeordneten Systembereiche erfolgt die Übernahme. Damit übernimmt der jeweilige Bereichsleiter die Verantwortung für den entsprechenden Systembereich.

Für diese Übernahme sind erforderlich

1. Systemhandbuch (letzter Stand, einschließlich der nach Tests vorgenommenen Änderungen) mit Programmbeschreibungen (Bedienerhandbuch)

2. Dateibeschreibungen
3. Druckerausgabe-Muster
4. Bildschirmausgabe – Muster.

Mindestens das Benutzerhandbuch gehört an jeden Eingabe/Ausgabe-Geräte-Arbeitsplatz.

Es ist wichtig, daß die Übernahme in nicht zu kleinen Schritten erfolgt. Die Übernahme von einzelnen Programmen sollte in Klein- und Mittelbetrieben grundsätzlich und von vorneherein ausgeschlossen werden, da Systemfehler nicht dadurch ausgeschlossen sind, daß einzelne Programme laufen. Es ist dringend zu empfehlen, wenn nicht das ganze System nach entsprechenden Tests übernommen werden kann, zumindest ganze Systembereiche zu übernehmen.

Da heutzutage, wenn überhaupt Schwierigkeiten auftreten, diese bei der Implementierung von Individualsoftware in Standardsoftware-Systeme entstehen, sollte man überhaupt erst dann anfangen, mit der EDV Echtdaten zu verarbeiten, wenn wenigstens alle individuellen Programme eines bestimmten Systembereichs einwandfrei laufen. Es empfiehlt sich, so streng mit sich selbst wie mit dem Programmierer zu sein und nicht einmal mit der Stammdatenerfassung zu beginnen, bevor das System nicht für den bestimmten Bereich mit Testdaten einwandfrei läuft. (Hinweis: Programme zur Stammdatenerfassung laufen wegen ihrer Einfachheit immer!)

Sollte der Zeitplan nicht eingehalten worden sein – ein relativ häufiges Vorkommnis bei der Einführung der EDV – so sollte man sich lieber erkundigen, ob es möglich ist, für die Umstellungszeit Eingabe-Geräte, die für andere Abteilungen vorgesehen sind, vorübergehend der Abteilung zur Eingabe von Stammdaten zur Verfügung zu stellen. Oft ist es sogar möglich, Bildschirm (und Kernspeicher) für kurze Zeit (Monate) zusätzlich zu mieten; so daß auch auf diese Weise die Einführungszeit verkürzt werden kann.

Die Entscheidung, ob man mit Direkteinsatz, Parallelbetrieb oder Probeläufen weiterarbeitet, hängt von den betrieblichen Gegebenheiten und der Organisation „vorher" und „nachher" ab. Am sichersten ist der Parallelbetrieb über einen kurzen, überschaubaren Zeitraum. Wenn die Ergebnisse der „Fußgängermethode" und der EDV nach zwei Wochen übereinstimmen, kann man davon ausgehen, daß keine systemimmanenten

Fehler vorhanden sind. Ein längerer Parallelbetrieb brächte keine zusätzliche Sicherheit, wohl aber zusätzliche Kosten.

Probeläufe, d.h. nochmaliges Verarbeiten von Daten aus Vorperioden, gehören ganz eindeutig in die Testphase und bringen nach der Übernahme nur eine dreifache Arbeitsbelastung statt einer doppelten beim Parallelbetrieb.

Der Direktbetrieb ist eigentlich nur dann zu empfehlen, wenn die Organisation derartig umgekrempelt wurde, daß die Ergebnisse „vorher" und „nachher" nicht mehr vergleichbar sind. Die Autoren können sich nicht vorstellen, daß man so etwas für ganze Bereiche tun könnte.

In der Übernahmephase ist es nun wichtig, daß jeder Sachbearbeiter sich darüber klar ist, was er zu tun hat, wenn das System einen ERROR anzeigt:

1. Fehlermeldung ausfüllen
   Datum Uhrzeit Programm-Name
   ERROR Nummer, angezeigte Fehlermeldung
   (z.B. ERR = R beim Eröffnen der XY-Datei)
   ggf. angezeigte Befehlsnummer
2. Fehlermeldung an den EDV-Organisator des Betriebs geben (Kopie am Arbeitsplatz behalten)
3. In Übereinstimmung mit dem EDV-Organisator den Programmierer informieren
4. Ggf. nach Anweisung des Programmierers Fehler beheben
5. Behebung des Fehlers auf Kopie der Fehlermeldung mit Datum und Uhrzeit vermerken.

Diese Routine ist auch dann und gerade dann beizubehalten, wenn der gleiche Fehler zum wiederholten Male auftaucht und der Sachbearbeiter aus früherer Erfahrung schon weiß, wie er diesen Fehler beheben oder wie er ihn nach Auftreten umgehen kann:

Tritt nämlich ein Fehler immer wieder auf, so darf man nicht „aussteigen", was in Ausnahmefällen möglich sein mag, sondern es muß das Programm geändert werden.

Die Erfahrung zeigt, daß einerseits gut getestete Programme kaum Fehler verursachen, daß aber andererseits auch in Standardprogrammen, die schon häufig implementiert wurden – und die meist sehr komplex sind, wie etwa FIBU-Programme – unter bestimmten Umständen noch nach Jahren Fehler auftreten können.

basic insoft systeme		
20.01.1981	Fehlerbehandlung	Seite 3

Fehler 2 Dieser Fehler bedeutet, daß das Ende einer Datei erreicht ist. Tritt er in einem Schreibbefehl auf (in diesem Fall befindet sich das Wort "WRITE" in dem, unter der Fehlermeldung angezeigten, Befehl) so kann der Anwender den Fehler selber beseitigen. Dazu sind folgende Befehle einzugeben:

1. Feststellen des Kanals auf dem die Datei eröffnet ist. Diese Nummer ist im Befehl immer an der gleichen Stelle vermerkt: WRITE (n......

   <u>Beispiel 1:</u>

   WRITE(1,KEY=......

   In diesem Fall muß 'n' in den folgenden Befehlen durch '1' ersetzt werden.

   <u>Beispiel 2:</u>

   WRITE(A1,KEY=.....

   In diesem Fall muß 'n' in den folgenden Befehlen durch 'A1' ersetzt werden.

2. Eingabe des Befehls <u>H8$=FID(n)+H8$</u> CR.

3. Eingabe des Befehls <u>PRINT H8$ (4,6)</u> CR. Nach Eingabe dieses Befehles erscheint der Name der vollen Datei am Bildschirm (z.B. 01ARPS)

4. Eingabe des Befehls <u>CLOSE (n)</u> CR.

5. Erweitern der Datei <u>von einem anderen Bildschirm aus</u>, mit Hilfe des entsprechenden Systemprogrammes (9.30) von basic insoft,

6. <u>Nachdem</u> das Erweiterungsprogramm am anderen <u>Bildschirm</u> beendet ist Eingabe des Befehles <u>OPEN (n) H8$ (4,6)</u> CR.

7. <u>H8$=H8$(21)</u> CR.

8. Eingabe des Befehl <u>RUN</u> CR.

Nach Eingabe dieser Befehle macht das Programm ordnungsgemäß an der Stelle weiter, an der es unterbrochen wurde.

Bild 11.2: Beispiel für eine Anweisung im Bedienerhandbuch, wie ein Fehler durch Dateierweiterung behoben werden kann

Oberster Grundsatz beim Auftreten eines ERRORs:

KEINE PANIK

ERRORs werden angezeigt, *damit* nichts passiert, damit keine Dateien zerstört werden oder Daten verloren gehen.

11.3 Der EDV-Organisator im Betrieb

Wohl für alle Kleinbetriebe, aber auch für viele Mittelbetriebe stellt sich die Frage, wer für die EDV-Anlage verantwortlich sein soll. Einerseits soll eine größere Zahl der Mitarbeiter mit der EDVA arbeiten. Es ist ja gerade der große Vorteil der Dialoganlagen, daß sie von den verschiedenen Sachbearbeitern leicht zu bedienen sind. Nach kurzer Einarbeitungszeit werden von den Sachbearbeitern die jeweils spezifischen Programme fehlerfrei benützt. Die damit verbundene Arbeitserleichterung wird als wirklicher Gewinn und als Befreiung von stumpfsinniger Routinearbeit empfunden. Das geht so weit, daß es z.B. in kaufmännischen und technischen Berufen unabdingbar zur Ausbildung gehört, mit dem Computer zu arbeiten.

Gerade die relativ große Zahl der Mitarbeiter, die den Computer benutzen, macht es notwendig, daß eine bestimmte Stelle verantwortlich ist: Das beginnt morgens bei der Einschaltung des Systems und endet abends mit der Abschaltung.

In großen Betrieben werden diese und andere Arbeiten von einer EDV-Abteilung übernommen. In kleineren Betrieben ist diese Arbeit jedoch kein "full-time-job", so daß sofort die Frage entsteht, wo diese Arbeit anzusiedeln ist.

Ein Blick auf einige regelmäßig zu erledigenden Aufgaben mag erste Hinweise geben:

System einschalten, Betriebssystem laden
Datum und Uhrzeit eingeben
Bildschirme (VDTs) starten
Drucker einschalten, Druckervorschub laden

Systeminformationen über Arbeitszustand periphärer Geräte abrufen
ggf. VDTs oder Drucker releasen
Hardware-Wartungskontrolle
Software-Wartungskontrolle
  Fehlermeldungen sammeln und weiterleiten
  Kontrolle über Fehlerbehebung (siehe auch Bild 11.2)
Datensicherung
  Physikalische Datensicherung (Band/Platte) täglich
  Logbuchausdruck (täglich) mit Bildschirmberechtigungskontrolle
Platteninhaltsverzeichnis ausdrucken } jeweils neuester Stand
Programmausdruck }
Programmpflege
  Programmverbesserungen eingeben
  von Benutzer behebbare Fehler beheben
  Dateien anlegen, erweitern, löschen
Operator-Codes verwalten
Firmen (Abteilungs)Abrechnung über Computerbelegung
System ausschalten.

Wenn die Organisation dieser Arbeit problemlos laufen soll, dann muß jemand dafür verantwortlich sein. Nach dem Prinzip „irgendjemand wird's schon machen" geht es bestimmt nicht.

Generell kann man sagen, daß diese Stelle zweckmäßigerweise dort geschaffen werden sollte, wo folgende personellen Voraussetzungen gegeben sind:

1. Da eine ständige Dienstbereitschaft erforderlich ist, kann die Aufgabe nicht von einem Mitarbeiter allein wahrgenommen werden. Es müssen also mindestens zwei Mitarbeiter sein, die sich gegenseitig vertreten. (Mehr als drei Mitarbeiter mit dieser Aufgabe zu betreuen, ist wohl kaum ratsam.)
2. Wegen der Verwaltung der Operator-Codes muß es sich um besonders vertrauenswürdige Mitarbeiter handeln, die entweder selbst sowieso schon Zugang zu den meisten Programmen haben, – also auch Monats- und Jahresabschluß-Programme der Buchhaltung –, oder die den Umgang mit vertraulichen Unterlagen gewöhnt sind.
3. Die ausgewählten Mitarbeiter müssen mindestens „computerfreundlich", besser noch „computerbegeistert" eingestellt sein.

4. Diese Mitarbeiter müssen lernwillig sein (Kurs bei Hersteller oder Software-Haus ist empfehlenswert)
5. Sie müssen bei anderen Mitarbeitern anerkannt und kooperationswillig sein.

Wenn man diese Voraussetzungen prüft, findet man sehr schnell heraus, wer im Betrieb mit diesen Aufgaben betraut werden kann.

Für die meisten der oben aufgezählten Arbeiten gibt es besondere Programme vom Hersteller oder Software-Haus mit den dazugehörigen Programmbeschreibungen resp. Systemhandbüchern, so daß die anstehenden Arbeiten problemlos bewältigt werden können.

Eine weitere, eigentlich häufig vernachlässigte Aufgabe des EDV-Organisators ist die Zeiteinteilung für die einzelnen peripheren Geräte. Kein Mitarbeiter muß ein Terminal den ganzen Tag bedienen. Abgesehen davon, daß dem arbeitsrechtliche bzw. tarifliche Vorschriften entgegenstehen, ergibt sich aus dem Arbeitsablauf an den einzelnen Arbeitsplätzen von selbst, daß die EDV-Anlage bzw. der zugeordnete Bildschirm vom einzelnen nicht ganztägig genutzt werden kann.

Trifft das schon für die einzelnen Abteilungen zu – hier könnte man den Abteilungsleiter damit beauftragen, die Bildschirmzeit sinnvoll aufzuteilen – so braucht die vom Betriebsablauf bestimmte, unterschiedliche Ausnutzung der vorhandenen Druckerkapazität unbedingt eine Organisation: Würde man nämlich die Druckerkapazität so auslegen, daß der Spitzenbedarf ohne Wartezeiten erledigt werden kann, so bliebe die meiste Zeit Druckerkapazität ungenutzt. Bei Monats- und Quartalsabschlüssen kann aber die Buchhaltung jede vorhandene Druckerkapazität belegen, um z.B. die Konten auszudrucken etc. Man vermeidet von vornherein Schwierigkeiten, wenn der EDV-Organisator beauftragt ist, mit den einzelnen Abteilungen abzustimmen, wie die vorhandene Kapazität aufgeteilt werden kann.

Bei rivalisierenden Abteilungen – ein leider recht häufig anzutreffender Zustand – ist die Einteilung von Computerzeit durch einen „neutralen" EDV-Organisator in manchen Situationen geeignet, innerbetriebliche Reibungen zu vermeiden:

1. bei periodisch wiederkehrenden umfangreichen Arbeiten (z.B. Monatsabschlüsse)
2. bei unregelmäßig anfallenden umfangreichen Arbeiten (z.B. Durchführung von Werbemaßnahmen)

3. bei allgemeinem Stau nach Computer-Ausfall
   (z.B. Wartungs- oder Reparaturarbeiten)

Bestimmte Tätigkeiten (z.B. Programmpflege, Datensicherung etc.) machen es notwendig, daß alle anderen Tätigkeiten mit dem System eingestellt und alle peripheren Geräte „released" werden. Auch in diesen Fällen erweist es sich als nützlich, wenn der EDV-Organisator die Abstimmung mit den einzelnen Abteilungen vornimmt.

11.4 Dokumentation

Ganz allgemein bezeichnet man das Darstellen von Tatbeständen, Abläufen von logischen Zusammenhängen als Dokumentation. Meist soll durch die Dokumentation die Rekonstruktion von Vorgängen ermöglicht oder doch zumindest erleichtert werden.

Bei der EDV spielt die Dokumentation eine ganz besondere Rolle, da ja die Vorgänge an sich nicht sichtbar und außerdem noch vergänglich sind. Deshalb bestehen ganz bestimmte Vorschriften z.B. für die Finanzbuchhaltung, wie oft welche Vorgänge zu dokumentieren, d.h. hier auf Papier festzuhalten sind.

Aber nicht nur wegen solcher Vorschriften spielt die Dokumentation in der EDV-Verarbeitung eine wichtige Rolle. Wir haben schon an verschiedenen Stellen dieser Darstellung auf die Wichtigkeit der Dokumentation – wenn auch nicht immer unter diesem Titel – hingewiesen. Dokumentiert werden also vor allen Dingen:

Programme und Programmabläufe
Dateien
Arbeitsvorgänge und Verarbeitungen (Logbuch).

Ein ganz wichtiger Punkt ist die Dokumentation von Eingaben und Löschungen.

Eingabebelege sind ein wichtiges Hilfsmittel, wenn es gilt, zerstörte oder verlorengegangene Daten zu rekonstruieren. Wie wir bei der Datensicherung schon gesehen haben, kann bei einer Zerstörung von Dateien durch Programmfehler oder technische Defekte auf Datensicherungsläufe zurückgegriffen werden. Das bedeutet aber bei Realzeitverarbeitung, daß die Eingaben, die seit der letzten Datensicherung vorgenommen wurden, verlorengegangen sind. Werden nun die Eingabebelege nach einem bestimmten System aufbewahrt, so ist es relativ leicht, die verlorenen Daten zu rekonstruieren. So könnte man vereinbaren, daß alle Eingabebelege bis zur nächsten Datensicherung aufbewahrt werden.

Einige Dokumentationen werden vom Computer selbst erstellt resp. können leicht erstellt werden. So ist es zweckmäßig, sich unmittelbar nach der Auftragserfassung eine Auftragserfassungsliste ausdrucken zu lassen.

Ein ähnliches Vorgehen empfiehlt sich bei Löschungen. Alle Löschungen werden automatisch bei der Löschung in eine Löschdatei eingetragen, die spätestens dann ausgedruckt werden muß, wenn sie voll ist. Das bedeutet z.B. daß Adressen, Artikel usw. nicht spurlos verschwinden können. Firmen, die eine umfangreiche Adreßpflege betreiben, können so sicherstellen, daß auch Adreßänderungen dokumentiert werden.

Zur Dokumentation gehören natürlich auch die Ausdrucke von Statistiken. Hier gibt es verschiedene Möglichkeiten.

Listenform

Die Darstellung in Form von Listen dient dem Festhalten größerer Zahlenmengen, so daß eine Liste vorwiegend die Funktion eines übersichtlichen Gesamtnachweises hat. Durch Verdichten der Einzelzahlen läßt sich die Übersichtlichkeit einer Liste noch steigern. Ein anderes Mittel, die Aussagekraft einer Liste zu steigern, ist das optische Hervorheben von Zwischen- und Endsummen:

```
        XXXXXX
        XXXXXX
        XXXXXX
        XXXXXX
        111111
        222222
***     333333
```

Graphische Darstellungen

Sollen Mengen, Kosten usw. in ihrer zeitlichen Entwicklung dargestellt werden (z.B. Belastungsschwankungen, Umsätze etc.) so sind graphische Darstellungen der schriftlichen vorzuziehen. Die meisten der heute im Einsatz befindlichen Drucker können einfache graphische Darstellungen ausdrucken. Für komplizierte zwei- und dreidimensionale graphische Darstellungen sind natürlich Spezialdrucker (Plotter) notwendig.

Fluß- oder Ablaufdokumentation

Die Arbeitsabläufe oder der Informationsfluß werden am besten in sogenannten Flußdiagrammen dargestellt. Das haben wir auch in diesem Buch getan. So sind die Bilder 9.2 und 9.3 Flußdiagramme. Dabei kommt es darauf an, die logischen Zusammenhänge und die gegenseitigen Verknüpfungen klar und vollständig aufzuzeigen.

11.5 Datensicherung

Physische Datensicherung

Um die Daten, Dateien und Programme gegen physische Einwirkungen und Zerstörung zu sichern, wird täglich (!) eine Datensicherung durchgeführt. Die Daten werden durch einfache Duplizierung gesichert. Diese Duplizierung erfolgt auf Platten, Magnetbänder oder Disketten.

Hierzu gibt es Datensicherungsprogramme in den Dienstleistungsprogrammen der Hersteller. Gesichert wird in der Regel nach dem „Sohn – Vater – Großvater“ – Prinzip.

1. Tag	Platte 1	Sohn	Heute
	Platte 2	Vater	Gestern
	Platte 3	Großvater	Vorgestern
2. Tag	Platte 3	Sohn	Heute
	Platte 1	Vater	(Heute 1 Tag) = Gestern
	Platte 2	Großvater	(Gestern 1 Tag) = Vorgestern
	usw.	usw.	

Auf diese Weise ist sichergestellt, daß man bei täglich nur einem Sicherungslauf doppelt gesicherte Daten hat. Das bedeutet: Muß man aus irgend einem Grund auf der Datensicherung aufsetzen und tritt bei diesem Vorgang ein Fehler auf, so hat man immer noch einen kompletten Satz, auf den man zurückgreifen kann. Schlimmstenfalls „verliert" man zwei Arbeitstage.

Dieses Prinzip ist so einfach, daß es praktisch schon wieder zu einfach ist und vielfach leichtsinnig damit umgegangen wird. Sicherungsläufe werden – besonders dann, wenn noch nie ein "disk error" oder ein "headcrash" aufgetreten ist – einfach vergessen. Das klingt unglaublich, jedoch können Techniker der Computerfirmen und Programmierer ein Lied davon singen.

Datensicherung sollte deshalb formalisiert werden. Der Datenbeauftragte führt über die Sicherungsläufe Buch.
Es wird eingetragen:

Datum
Datenträger – (Platten- oder Kassetten-) Nummern
Aufgetretene Fehler beim Sicherungslauf
Was wurde gesichert (bei manchen Systemen können unverändert gebliebene Dateien oder Programme übersprungen werden, wodurch eine Zeitersparnis eintritt)
Name des Datensicherers

Physische Datensicherung beginnt jedoch schon eher:

räumlich

Lage des Raumes, in dem die CPU steht
Klimatisierung (nur bedingt nötig)
Energieversorgung (mind. eigener Stromkreis!)
Raumsicherung gegen unbefugten Zutritt
Brand-, Wasser- und Gewitterschutz
Versicherung

organisatorisch

Eindeutig dokumentierter organisatorischer Aufbau der Datenverarbeitungsabteilung (evtl. Datenbeauftragter und Vertreter)
Kompetenzregelung zwischen EDV-Abteilung/Fachabteilung
Dokumentation des Daten- und Informationsflusses außerhalb der EDV
Belegorganisation
Festlegung der Aufbewahrungsfristen für Datenerfassungsbelege (chronologisch wegen Sohn/Vater/Großvater-Prinzip!)

Ablageorganisation für Ausgabe-Belege
(Übernahmeprotokolle etc.)
Ausdruck von
Programmen
Platteninhaltsverzeichnis

hardware
allgemeine technische Gerätesicherung
Wartung
Vorsorge bei Geräteausfall (wer muß benachrichtigt werden? von wem?)

software
falls das Software-Haus eine Software-Wartung durchführt, wird in der Regel dort ein Programm-Ausdruck und ein Datenträger (nur Programme) aufbewahrt.
Vorsorge für Error-Meldungen des Computers
wer behebt selbstbehebbare Fehler
wer informiert den Programmierer
Dokumentation der Eingabe von Programmverbesserungen und Behebung von Errors.

Sicherungen gegen unbefugte Computernutzung

Nicht jeder, der ein Terminal benutzen kann, soll auch nun gleich alle Programme benutzen dürfen, aus allen Dateien Auskünfte bekommen, und so weiter. Das gilt für den Azubi, der gerade seine ersten Erfahrungen am Bildschirm sammeln soll, bis zum Buchhalter, dem die Bilanzen verschlossen bleiben sollen.

Zur Lösung dieses Problems haben sich die Computerfachleute ein ebenso einfaches wie wirkungsvolles Mittel einfallen lassen: Der Computer „fragt" den Benutzer wer er ist und prüft dann selbst, ob derjenige, der sich meldet, berechtigt ist, das zu tun, was er gerade tun will.

Aber dieses einfache Fragen „wer bist du?" löst innerhalb des Computers eine ganze Menge Arbeit aus. Dabei ist das Prinzip des „Paßwortes" mit dem des „Benutzer-Codes" praktisch identisch. Codes erfreuen sich einer größeren Beliebtheit, da sie kürzer sind. Betrachten wir also

Benutzer-Codes

etwas genauer. In jedem Betrieb hat jeder Sachbearbeiter seinen Code, früher „Diktatzeichen“ o.ä. genannt, sei es eine Zahl, sei es eine Buchstabenkombination. Dieser Code ist den Kollegen natürlich bekannt, muß bekannt sein, damit z.B. Briefe, Reklamationen, Anrufe etc. an den richtigen Bearbeiter weitergeleitet werden können.

Damit nun jedoch für die Arbeit am Bildschirm dieses bekannte Diktatzeichen nicht von einem Kollegen benutzt werden kann, wird es verschlüsselt. Am sichersten, d.h. am schwersten zu „knacken“ sind unregelmäßige Schlüssel. Der Programmierer erstellt einen solchen Schlüssel. Danach vergibt der Datenbeauftragte für jeden, der mit der EDVA arbeitet, einen Operator-Code. Diese werden dann wieder den einzelnen Programmen oder aber auch ganzen Sachgebieten zugeordnet.

Der Ablauf sieht dann folgendermaßen aus:

Der Benutzer ruft im Startverteiler das Programm auf, mit dem er arbeiten will. Der Computer verlangt den Code. Gibt der Benutzer einen gültigen Code ein, so gibt der Computer das Programm frei. Gibt der Benutzer nicht innerhalb 5 Sekunden einen gültigen Code ein – und sei es nur, daß er sich vertippt – so beendet der Computer das Programm. Er wirft den Benutzer sozusagen hinaus.

Kontrolle der Datensicherheit

Man muß sich über eines klar sein: Jeder solcher Code kann von einem findigen Menschen geknackt oder – was noch schlimmer und einfacher ist – umgangen werden. Eine hundertprozentige Sicherheit gibt es nicht. Sonst gäbe es keine Werkspionage und keine Computer-Betrüger. Aber für den Mittel- und Kleinbetrieb besteht diese Gefahr nicht. Hier geht es in erster Linie darum, daß vertrauliche Daten vor Neugierde geschützt werden. Vielleicht auch, daß Daten vor böswilliger Zerstörung z.B. – aus Rache – sicher sind. Die Hauptgegner der Computersicherheit aber sind Leichtsinn und Schlamperei. Hiergegen aber kann man sich wirkungsvoll schützen.

Bei der Zuteilung der Operator-Codes an die einzelnen Benutzer läßt sich der Datenbeauftragte schriftlich bestätigen, daß der Benutzer seinen Code nicht anderen mitteilt. Schon dadurch ist eine gewisse Hemmschwelle errichtet, leichtsinnig seinen Code preiszugeben.

Sodann kann man es leicht programmieren, daß auf dem Bildschirm immer der Name des Benutzers in Klartext angezeigt wird. Damit wird eine optische Kontrolle während der Arbeit möglich, daß nicht mit einem falschen Code gearbeitet wird. Gerade bei der Ausbildung an der EDVA für Azubis wurde häufig beobachtet, daß diese – da sie ja öfter den Arbeitsplatz wechseln – mit fremden Operator-Codes arbeiten, weil versäumt wurde, ihnen für den neuen Arbeitsplatz rechtzeitig die Programmberechtigung einzuräumen. Sie haben zwar einen Benutzer-Code, jedoch ist der am neuen Arbeitsplatz nicht gültig.

Alle Ausbilder in den Abteilungen müssen strikt angewiesen werden, die Programmberechtigung für neue Mitarbeiter rechtzeitig vom Datenbeauftragten einrichten zu lassen.

Ein ganz wichtiges Kontrollinstrument ist außerdem das

Logbuch.

Das Logbuch ist eine Datei, in die vom Computer jeder Programmaufruf geschrieben wird. Die EDVA notiert selbständig:

Aufrufzeit, Endzeit, Name des Programms, Benutzer, Bildschirm-Nr., Firma/Abteilung.

Wird ein falscher Operator-Code eingegeben, so wird der Abbruch vermerkt und ausgedruckt.

Auch jeder andere Programm-Abbruch, sei er durch einen Error verarbeitungsintern hervorgerufen, sei er absichtlich von einem Benutzer herbeigeführt, wird registriert. Auf diese Weise kann man feststellen, mit welchem Programm von wem gearbeitet wurde, wenn Fehler auftreten. Man kann aber auch feststellen, ob versucht wurde, unberechtigt an vertrauliche Daten zu kommen, ob z.B. Operator Codes von Mitarbeitern verwendet wurden, die (wegen Gleitzeit, Urlaub, Krankheit) gar nicht im Hause waren.

Kurz gesagt, das Logbuch ist ein ganz wichtiges Hilfsmittel der Sicherung. Das bedeutet nicht nur, daß man das Logbuch von Zeit zu Zeit ausdrucken muß – das ist sogar Bedingung, denn wenn die Logbuchdatei voll ist, kann ein neuer Programmaufruf nicht mehr eingetragen werden. Dann muß diese Datei durch Ausdruck gelöscht werden. Die Anzeige erscheint selbständig auf dem Bildschirm. Es kann also in dieser Hinsicht gar nichts passieren.

Der Datenschutzbeauftragte muß aber auch den Logbuchausdruck kontrollieren. Einmal hinsichtlich des Operator-Codes. Aber auch hinsichtlich der angezeigten Fehler. Tritt z.B. öfter ein „Error 5“ auf – der an sich völlig harmlos ist – so bedeutet das, daß ein Kabel, ein Schalter oder ein sonstiges Verbindungsstück nicht in Ordnung ist. Hierauf muß dann der Kundendienst-Techniker spätestens beim nächsten Besuch hingewiesen werden.

```
LOGBUCH VOM : 29.03.83                 TASK : T1                          BLATT 2014

Z E I T E N MASCHI- OP- PROGRAMM                       Z  A  E  H  L  E  R  FREIE FIR-
START ENDE  MENZEIT KZ.                                   1        2        3  PAGES MA
----------------------------------------------------------------------------------------
12.40 12.42  0.0382 RH  3.06 AUFTRAGSERFASSUNGSLISTE                                002
12.43 12.46  0.0611 RH  3.07 AUFTRAGS-STORNO                                        002
12.46 12.47  0.0119 RH  3.01 BUECHER-ARTIKELSTAMM VERW                              002
12.47 12.48  0.0068 RH  3.06 AUFTRAGSERFASSUNGSLISTE                                002
12.48 12.49  0.0157 RH  3.01 BUECHER-ARTIKELSTAMM VERW                              002
12.50 12.53  0.0432 RH  3.08 RECHNUNGSDRUCK BUECHER                                 002
12.53 12.59  0.0961 RH  3.18 ADRESSET. FUER RECHN. DRU                              002
12.59 13.07  0.1345 RH  3.25 VORAUSRECHNUNGEN VERWALTE                              002
13.07 13.08  0.0138 RH  6.08 BUCHEN MASCHINELL                                      002
13.20 13.33  0.2141 RH  3.01 BUECHER-ARTIKELSTAMM VERW                              002
13.49 13.53  0.0790 RH  3.01 BUECHER-ARTIKELSTAMM VERW                              002
13.54 13.55  0.0161 RH  3.11 ABONNENTENSTAMM VERWALTEN                              002
14.14 14.15  0.0087 RH  6.16 KONTENAUSKUNFT                                         002
14.15 14.17  0.0322 RH  3.11 ABONNENTENSTAMM VERWALTEN                              003
14.17 14.20  0.0446 RH  3.12 ABONNENTEN-STAMMLISTE                                  003
14.20 14.22  0.0201 RH  3.25 VORAUSRECHNUNGEN VERWALTE                              003
14.22 14.22  0.0104 RH  6.08 BUCHEN MASCHINELL                                      003
14.22 14.23  0.0044 RH  6.18 OFFENE POSTEN AENDERN                                  002
------- HINWEIS: FEHLER 0 BEIM SPERREN DER OFFENE-POSTEN-DATEI
14.24 14.24  0.0036 RH  3.15 POSTVERSANDLISTE DRUCKEN                               002
14.24 14.29  0.0820 RH  3.13 POSTVERTRIEBS-SORT                                     002
14.30 14.30  0.0131 RH  3.14 DRUCK POSTVERTRIEBSETIKET                              002
14.31 14.38  0.1114 RH  3.11 ABONNENTENSTAMM VERWALTEN                              002
14.38 14.41  0.0425 RH  3.25 VORAUSRECHNUNGEN VERWALTE                              002
14.41 14.42  0.0025 RH  3.14 DRUCK POSTVERTRIEBSETIKET                              002
------- HINWEIS: HILFSDATEI POSTVERSANDLISTE ENTHAELT NOCH 1 SAETZE !! ERST P
14.42 14.42  0.0153 RH  3.15 POSTVERSANDLISTE DRUCKEN                               002
14.44               RH  3.13 POSTVERTRIEBS-SORT                                     002
------- PROGRAMM WURDE EXTERN UNTERBROCHEN
14.44 14.46  0.0282 RH  3.14 DRUCK POSTVERTRIEBSETIKET                              002
14.46 14.52  0.0894 RH  3.13 POSTVERTRIEBS-SORT                                     002
14.52 14.53  0.0111 RH  3.15 POSTVERSANDLISTE DRUCKEN                               002
14.53               RH  3.14 DRUCK POSTVERTRIEBSETIKET                              002
------- PROGRAMM WURDE EXTERN UNTERBROCHEN
15.20 15.25  0.0881 RH  3.13 POSTVERTRIEBS-SORT                                     002
15.26 15.40  0.2403 RH  3.14 DRUCK POSTVERTRIEBSETIKET                              002
15.42 15.48  0.1007 RH  3.13 POSTVERTRIEBS-SORT                                     003
15.49 15.52  0.0390 RH  3.15 POSTVERSANDLISTE DRUCKEN                               002
15.52 16.15  0.3767 RH  3.14 DRUCK POSTVERTRIEBSETIKET                              003

      ***** TASK-AUSWERTUNG (T1) VOM : 29.03.83
            DEFINIERTE ARBEITSZEIT        8 STD. 00 MIN
            GESAMTBETRIEBSZEIT            2 STD. 05 MIN =  26%
```

Bild 11.3: „Logbuchausdruck“

Stichwortverzeichnis

GPSR Compliance

The European Union's (EU) General Product Safety Regulation (GPSR) is a set of rules that requires consumer products to be safe and our obligations to ensure this.

If you have any concerns about our products, you can contact us on ProductSafety@springernature.com

In case Publisher is established outside the EU, the EU authorized representative is:

Springer Nature Customer Service Center GmbH
Europaplatz 3
69115 Heidelberg, Germany

Batch number: 10816188

Printed by Printforce, the Netherlands